ARRÊTÉ

DU 23 AOÛT 1846,

PORTANT CRÉATION

D'UNE MAISON CENTRALE DE CORRECTION

A LOUVAIN.

ANNEXES AU RAPPORT

PRÉSENTÉ A SA MAJESTÉ PAR LE MINISTRE DE LA JUSTICE,

le 24 juillet 1846.

BRUXELLES,

IMPRIMERIE DE WEISSENBRUCH PÈRE, IMP. DU ROI.

7, RUE DU MUSÉE.

1846.

ANNEXES A L'ARRÊTÉ

DU 23 AOÛT 1846,

PORTANT CRÉATION

D'UNE MAISON CENTRALE DE CORRECTION

A LOUVAIN.

ARRÊTÉ

DU 28 AOÛT 1846,

PORTANT CRÉATION

D'UNE MAISON CENTRALE DE CORRECTION

A LOUVAIN.

———◆———

ANNEXES AU RAPPORT

PRÉSENTÉ A SA MAJESTÉ PAR LE MINISTRE DE LA JUSTICE,

le 28 juillet 1846.

———◆———

BRUXELLES,

IMPRIMERIE DE WEISSENBRUCH PÈRE, IMP. DU ROI

7, RUE DU MUSÉE.

——

1846.

ARRÊTÉ

PORTANT CRÉATION D'UNE MAISON CENTRALE DE CORRECTION A LOUVAIN.

————◆————

Bruxelles, le 28 juillet 1846.

RAPPORT AU ROI.

SIRE,

Depuis longtemps l'état sanitaire de la maison de correction de Saint-Bernard a fixé l'attention du gouvernement.

A toutes les époques la mortalité a été beaucoup plus grande dans cette prison que dans aucune des autres maisons centrales.

L'administration n'a rien négligé pour découvrir les sources de ce mal et pour y porter remède.

Une enquête a eu lieu dans le but de constater le nombre des décès, de rechercher les caractères des maladies qui les ont occasionnés, et de mettre ces faits en rapport avec l'état des lieux.

La commission chargée de procéder à cette enquête était composée d'hommes spéciaux, connaissant par expérience le régime des prisons et en ayant fait une étude particulière.

Le rapport développé que cette commission a rédigé se trouve ci-annexé sub n° 1, ainsi que le rapport que m'avait antérieurement adressé le gouverneur de la province d'Anvers (annexe n° 2).

Dans le sein du conseil provincial, l'un de ses membres, qui fait en même temps partie de la commission administrative de la maison de Saint-Bernard, prit à tâche de répondre au mémoire de la commission susmentionnée. Ses observations furent présentées dans la séance du 4 juillet 1845 dont le procès-verbal se trouve également ci-joint sub n° 3, de même qu'un mémoire

1

rédigé par le même membre et un supplément au rapport de la commission spéciale (annexes 4 et 5). (1).

Diverses causes ont été assignées à l'insalubrité de la prison de Saint-Bernard.

Les opinions sont partagées sur l'influence des causes locales et atmosphériques. Cependant il est un fait, dont la réalité n'est contestée par personne, et qui seul suffit pour expliquer la mortalité qui n'a cessé de régner dans la maison de Saint-Bernard; c'est l'encombrement de cette prison, l'agglomération des détenus dans les dortoirs et dans les ateliers.

A cet égard les opinions sont unanimes; la commission administrative, le gouverneur, la députation permanente, les médecins, les membres de la commission chargée de constater l'état sanitaire de Saint-Bernard, s'accordent tous pour signaler les dangers de l'encombrement et l'urgence d'y apporter remède.

Voici quelle a été la population moyenne de cet établissement, à partir de 1831.

années.	détenus.
1831.	1,085.
1832.	1,053.
1833.	683.
1834.	938.
1835.	1,000.
1836.	889.
1837.	1,016.
1838.	1,056.
1839.	1,087.
1840.	1,097.
1841.	1,151.
1842.	1,182.
1843.	1,342.
1844.	1,320.
1845.	1,138.

(1) L'annexe n° 1 figure plus loin sub n° III, le n° 2 sub n° I, le n° 3 sub n° V, et le n° 5 sub n° VI. Ces changements ont paru nécessaires pour imprimer ces pièces dans leur ordre chronologique.

A diverses époques l'administration s'est efforcée de réduire cette population en ordonnant la translation de certaines catégories de détenus dans d'autres maisons centrales.

Ainsi, un arrêté royal du 9 novembre 1832 a ordonné de transférer de la maison de Saint-Bernard dans celle de Gand, les femmes condamnées correctionnellement à six mois et plus d'emprisonnement.

Un arrêté du 16 mai 1839 a ordonné que les condamnés à six mois d'emprisonnement, qui étaient jusqu'alors envoyés à Saint-Bernard, subiraient, à l'avenir, leur peine dans les maisons de sûreté et d'arrêt.

En vertu de la loi du 3 juin 1840, décrétant l'établissement d'une maison pénitentiaire à Saint-Hub rt 'es jeunes délinquants incarcérés naguère dans la maison d Saint-Bernard, ont été, à partir du mois de juin 1844, dirigés r le nouvel établissement qui leur était affecté.

Enfin, par arrêté du 27 juin de la même année, il a été résolu que les condamnés à l'emprisonnement pour plus de 6 mois, qui auraient subi antérieurement une peine criminelle, subiraient leur peine dans la maison de reclusion à Vilvorde.

Cependant, malgré ces réductions successives, la population de Saint-Bernard n'a pu être ramenée au taux normal qui n'aurait jamais dû être excédé.

Récemment, l'invasion d'une épidémie a déterminé l'administration à suspendre la translation à Saint-Bernard des condamnés qui devaient y subir leur peine.

Cette mesure, qui eut pour effet de réduire la population en dessous de 1,000 détenus, vient à peine de cesser, que déjà l'on peut prévoir que, dans un bref délai, la population de Saint-Bernard aura atteint de nouveau le chiffre de 1,200 à 1,300 détenus (1).

Il importe de prévenir cette agglomération d'une manière efficace.

---

(1) En ce moment le chiffre de 1,300 détenus est même déjà dépassé. Le 22 août, la population de la prison de St.-Bernard était de 1,569 détenus.

Deux moyens se présentent :

Agrandir la maison de Saint-Bernard, de manière à la mettre en rapport avec l'augmentation de sa population;

Construire un nouveau pénitencier pour recevoir le trop plein de la population de Saint-Bernard.

Quelle que soit l'opinion qu'on se forme sur l'influence de certaines causes d'insalubrité inhérentes à la maison de Saint-Bernard, il faut reconnaître que cette prison se trouve dans des conditions d'hygiène au moins suspectes.

Son éloignement des grandes communications par le chemin de fer entrave le service pour le transport des détenus et en augmente les frais d'une manière sensible; la localité où elle est située n'offre au reste, aucune ressource aux employés sous le rapport des habitations.

Dans cet état de choses, le gouvernement n'a pu songer à agrandir la prison de Saint-Bernard par de nouvelles constructions.

Il est donc devenu nécessaire de créer une deuxième maison de correction pouvant contenir au moins 500 condamnés.

Tel est, Sire, l'objet du projet d'arrêté que j'ai l'honneur de soumettre à l'approbation de Votre Majesté.

La nécessité de cette mesure étant reconnue, son exécution ne peut souffrir aucun délai.

En effet la responsabilité de l'administration est gravement engagée en présence des maladies qui peuvent de nouveau se développer sous l'action d'une cause qu'il eût été en son pouvoir d'écarter : l'humanité fait dès lors un devoir d'agir avec promptitude.

Il existe un autre motif d'urgence.

En 15 années de temps la population des prisons secondaires s'est accrue d'un tiers.

La moyenne de cette population s'élevait pendant la période :

1831 à 1835 à 1,557 détenus.
1836 à 1839 à 1,672   »
1840 à 1845 à 2,084   »

Il est certain que si le gouvernement n'emploie pas des précautions pour y obvier, l'encombrement produira sur la santé des détenus dans ces établissements les funestes effets qui ont été remarqués à Saint-Bernard.

Le nouveau pénitencier serait donc destiné à recevoir également un certain nombre de condamnés à un emprisonnement de moins de 6 mois, qui subissent actuellement leur peine dans les prisons secondaires.

Quant à la fixation, en général, des catégories de prisonniers qui y seraient incarcérés de préférence, je me réserve de soumettre à Votre Majesté des propositions ultérieures, après avoir consulté, à cet égard, l'intérêt de l'administration et celui des condamnés.

La nouvelle maison correctionnelle, bâtie en vue de l'application de l'emprisonnement séparé, d'après les principes de la loi présentée aux chambres, serait néanmoins disposée de manière à pouvoir être appropriée aux exigences de l'emprisonnement en commun en ce qui concerne le culte, l'instruction, le travail, les repas, sans qu'il en résulte d'augmentation de dépense.

La grandeur des cellules, les appareils dont elles doivent être garnies dans le système pensylvanien, constitueraient seuls une dépense qu'il serait possible d'éviter dans le système d'Auburn; mais il est à remarquer que les appareils pourront n'être placés qu'à la fin des travaux et ne le seront que si le système pensylvanien est définitivement adopté. Quant à la grandeur des cellules, outre l'avantage qu'elle présente pour la santé des détenus, elle dispense, dans les deux systèmes de l'obligation d'avoir des infirmeries, d'où il résultera une notable économie pour la construction prise dans son ensemble.

Cette deuxième maison de correction serait établie à Louvain.

Les offres faites par l'administration communale de cette ville de céder à l'État le terrain nécessaire pour l'emplacement du dit pénitencier me paraissent devoir être acceptées sous diverses conditions à régler ultérieurement.

Située au centre du pays, communiquant aux plus importans centres de population par le chemin de fer, et par un canal, cette localité, placée dans l'une des parties les plus saines du royaume, présente, sans contredit, de nombreux avantages sous le rapport de l'économie et au point de vue de l'hygiène.

Le Ministre de la justice,
Baron J. D'ANETHAN.

LÉOPOLD, Roi des Belges,

A tous présents et à venir, SALUT.

Vu les rapports et pièces annexés;

Considérant qu'il est urgent de remédier aux fâcheux effets produits par l'agglomération des condamnés, détenus dans la maison de correction de Saint-Bernard, et qu'il convient, afin de prévenir l'encombrement des prisons secondaires, de mettre l'administration à même d'ordonner la translation dans une maison centrale d'un certain nombre de condamnés à un emprisonnement de moins de six mois :

Sur la proposition de Notre Ministre de la justice,

Nous avons arrêté et arrêtons :

Art. 1er. Il sera érigé en la ville de Louvain une deuxième maison centrale de détention pour les hommes condamnés correctionnellement.

Art. 2. Cette nouvelle prison, qui contiendra au moins 500 détenus, sera construite de manière qu'elle puisse conserver sa destination dans l'hypothèse de l'adoption définitive, soit du système d'emprisonnement en commun, soit du système d'isolement.

Art. 3. Les premières dépenses seront prélevées sur l'art. 5 du chapitre X du budget de l'exercice courant.

Art. 4. Notre Ministre de la justice, qui est chargé de l'exécution du présent arrêté, déterminera les conditions de l'acceptation des offres faites par l'administration communale dela ville de Louvain de céder à l'État le terrain nécessaire à la construction de la nouvelle maison de correction.

Donné à Bruxelles, le 23 août 1846.

LÉOPOLD.

Par le Roi :

Le Ministre de la justice,
Baron J. D'ANETHAN.

ANNEXE I

RAPPORT DE M. LE GOUVERNEUR DE LA PROVINCE D'ANVERS.

———◦◦◦———

MONSIEUR LE MINISTRE,

Par la dépêche que vous me fîtes l'honneur de m'adresser en date du 30 avril dernier sous le n° 11580, vous me faites connaître que la » maison de correction de Saint-Bernard laisse beaucoup à désirer, que » pour l'approprier d'une manière convenable à sa destination, des frais » considérables seraient nécessaires, et qu'il serait peut être difficile » d'exécuter les travaux, sans répartir pendant cette époque, les déte- » nus dans d'autres prisons; que ces considérations, jointes à celle tirée » de la situation peu salubre de Saint-Bernard, vous engagent à me de- » mander, s'il ne se trouve pas dans la province un endroit convenable » pour y ériger une prison. »

La gravité de cette question, le haut intérêt qu'elle présente pour la province, m'ont décidé à la soumettre à un examen approfondi, et à m'entourer des lumières d'hommes compétents. A cet effet j'ai institué une commission spéciale composée de membres de la députation perma- nente et de membres de la commission administrative des prisons. Cette commission a étudié la question dans tous ses détails, l'a examinée sous toutes ses faces et je pense que vous me saurez gré, Monsieur le Ministre, de vous communiquer le résultat de ses consciencieuses investigations, qui servira d'exposé de motifs aux conclusions que j'aurai l'honneur de vous présenter.

La commission a vu dans la demande que vous m'avez adressée « s'il se » trouvait dans la province un endroit convenable pour y ériger une » prison? » la preuve de votre désir de conserver à la province un des rares établissements publics qu'elle possède, et elle a commencé par rendre grâces à vos intentions équitables et bienveillantes.

Les membres se sont ensuite livrés à des recherches individuelles, afin de se mettre à même de désigner au choix du Gouvernement une localité convenable, en cas de suppression de la maison de correction de Saint-Bernard. Après s'être communiqué le résultat de leurs investigations, tous sont tombés d'accord, que, le déplacement de cette prison ayant lieu, la préférence pour y établir une prison nouvelle devrait être donnée à la commune de Contich, située dans la partie la plus élevée de la province, et qui a manifesté l'intention de faciliter, autant qu'il serait en elle, l'établissement de la prison près de la station de ce village au chemin de fer.

Il avait été question de la Campine dont un établissement pareil eût contribué à fertiliser les bruyères dans un rayon assez considérable; mais la commission s'est arrêtée devant l'élévation des frais de transport des matériaux de construction, des articles de consommation, et des matières premières et objets fabriqués. Une autre considération, c'est la grande difficulté d'organiser l'administration destinée à la surveillance de la prison sur les lieux mêmes, ou à une distance assez rapprochée, pour qu'elle puisse exercer un contrôle actif et permanent.

Si ces considérations, Monsieur le Ministre, ne vous paraissaient pas déterminantes; si vous pensiez qu'il y a lieu de faire cet avantage à la Campine, je suis à même de vous proposer le choix entre diverses localités dont les administrations s'empresseront toutes de concourir à la réalisation de vos vues.

Ce point résolu, dans l'hypothèse de la suppression de la maison de correction de Saint-Bernard, la commission a été naturellement conduite à se demander, si cette suppression était nécessaire, désirable, possible, et une discussion approfondie a produit une solution négative à ces diverses questions.

Les motifs sur lesquels s'appuie le projet de suppression sont : « 1° que » la maison de correction de Saint-Bernard laisse beaucoup à désirer ; que » des frais considérables seraient nécessaires pour l'approprier d'une » manière convenable à sa destination, et qu'il serait peut-être difficile » d'exécuter les travaux sans répartir pendant cette époque les détenus » dans d'autres prisons; 2° l'insalubrité prétendue de cette prison. »

Il y a lieu de se demander d'abord quelle destination l'on veut donner à la maison de correction de Saint-Bernard? Veut-on en faire une prison cellulaire ou lui conserver son organisation actuelle? Dans la première hypothèse toutes nos prisons centrales sont dans le même cas, toutes exigent des appropriations, des changements presque complets, et aucune n'offrira sous ce rapport autant de facilités que Saint-Bernard. Dans l'autre hypothèse, celle de la conservation du système actuel, de l'emprisonnement en commun, Saint-Bernard convient parfaitement à sa destination ; il n'y a qu'à ne pas l'encombrer : que l'on réduise la population au taux normal de 800 à 900 hommes ; que l'entretien des bâtiments différé depuis plusieurs années en ait lieu avec soin ; que l'on applique à Saint-Bernard les sommes dépensées dans les autres prisons dans l'intérêt du bien-être des prisonniers, et les différences que l'on signale aujourd'hui ne tarderont pas à disparaître. Les hamacs seront suffisamment espacés, l'air circulera dans les dortoirs en quantité suffisante, les détenus auront des réfectoires où ils mangeront assis ; ils jouiront enfin de toutes les commodités, de toutes les améliorations qu'on leur a accordées dans d'autres prisons, et il est hors de doute que leur santé y gagnera ; mais il est impossible d'obtenir des résultats identiques quand les conditions sont si différentes. Or, vous le savez, Monsieur le Ministre, on a consacré le moins de ressources à l'établissement dont on exigeait le plus de services ; la population de la maison de Vilvorde où l'on a fait de grandes dépenses, n'est pas, je crois, de plus de 500 hommes, et la population de Saint-Bernard, où, par des considérations que j'apprécie, les travaux les plus indispensables, les plus urgents ont été différés depuis plusieurs années, a presque constamment dépassé le chiffre de 1400, chiffre anormal qui a produit l'encombrement et tous ses inconvénients.

Si, comme il est dit plus haut, la population était réduite à un chiffre normal, on pourrait, sans trop grands frais, restaurer convenablement la prison, quoiqu'il ne faille pas se dissimuler que cette dépense a été augmentée par l'insuffisance des travaux exécutés depuis quelques années. Mais si, comme cela est à craindre, cette population reste la même, puisque l'arrêté royal qui prescrivait de la diminuer a déjà été abrogé dans ses dispositions les plus efficaces, il faudra faire des dépenses plus considérables, qui seront cependant encore une grande économie, comparées à celles que la construction d'une prison nouvelle entraînerait.

De ce qui précède résulte une autre conséquence, c'est qu'en supprimant Saint-Bernard, ce ne serait pas une prison neuve, mais deux qu'il faudrait construire ; car par suite de la loi du 15 mai 1838 qui permet de correctionnaliser certains crimes, le nombre des condamnés correctionnels va toujours croissant.

En ce qui concerne la nécessité de répartir les détenus dans d'autres prisons, si l'on exécutait des travaux à Saint-Bernard, je puis à cet égard, Monsieur le Ministre, vous rassurer complètement. Des travaux d'une aussi grande importance que ceux nécessaires aujourd'hui ont été exécutés dans le temps, sans qu'il ait fallu recourir à cette mesure ; de ce nombre était le voûtement de tout un quartier de l'établissement.

Je vais maintenant, Monsieur le Ministre, vous exposer les idées de la commission sur les avantages économiques que présente la situation de la maison de correction de Saint-Bernard, pour l'application ou l'extension de tel système d'emprisonnement auquel on s'arrêterait.

Je laisse pour le moment de côté la question de salubrité, sur laquelle j'aurai l'honneur de vous soumettre dans la suite de ce rapport, des renseignements et des considérations qui, je l'espère, vous donneront tous vos appaisements.

Pour le régime de l'emprisonnement en commun, la maison de correction de Saint-Bernard présente tous les aménagements désirables, toutes les conditions requises; les bâtiments sont spacieux, secs, aérés, et peuvent subir diverses appropriations; mais comme cela est déjà dit plus haut, la population doit être maintenue à un chiffre normal. Ce chiffre étant dépassé, il en résultera des inconvénients, qui se représenteront dans les autres maisons centrales placées dans les mêmes conditions. Ces inconvénients reconnus, que reste-t-il à faire? Supprimer la prison? mais ce serait couper l'arbre qui doit être émondé. N'est-il pas infiniment plus rationnel, d'aviser à détruire la cause des inconvénients signalés, à diminuer la population? Cette idée est si simple que je ne puis m'y arrêter plus longtemps.

Si à l'emprisonnement en commun on veut substituer la réclusion solitaire, il ne faut pas perdre de vue que le principal obstacle à l'adoption de ce système est l'énorme dépense que son exécution entraîne. Réduire cette dépense à sa plus simple expression, doit donc être le désir et le but de tous ceux que l'expérience et la réflexion ont convaincus de la supériorité du régime de l'isolement.

Cette condition si essentielle d'économie, la maison de correction de Saint-Bernard est peut-être le seul établissement en Belgique qui puisse la réaliser. Son vaste enclos permet de faire rayonner les cellules dans toutes les directions du bâtiment principal, qui servirait pour tous les services généraux. La dépense se bornerait donc à l'établissement des cellules; les autres constructions qui entrent pour une part si considérable dans les frais, telles que *le mur d'enceinte, la caserne, la buanderie, la bouillerie de fil, la boulangerie, les magasins d'habillements, de vivres et de combustibles, de matériaux de construction, de matières premières, et d'objets fabriqués; la cuisine, la chapelle, le logement des directeur, aumônier et autres employés,* se trouveraient aisément dans les vastes locaux de cette prison, dont la plupart sont voûtés.

S'il fallait démontrer avec quelle facilité on pourrait faire rayonner des cellules autour du corps de bâtiment principal, il suffirait, Monsieur le Ministre, de vous rappeler le plan dressé par M. l'ingénieur en chef Roget, plan annexé à votre dépêche du 31 janvier dernier n° 11580, dans lequel il projetait la construction *de 500 cellules* sur une seule des faces du bâtiment. Ce nombre pourrait être doublé et triplé sans la moindre difficulté, et sans insuffisance des bâtiments affectés aux services généraux.

Il est un autre point bien intéressant, sur lequel la commission a attiré mon attention ; c'est la position favorable de la maison de correction de Saint-Bernard pour y établir un moulin à vapeur, ainsi qu'un entrepôt général des grains et farines pour la consommation des quatre grandes prisons (Vilvorde, Gand, Alost, Saint-Bernard).

En effet, Saint-Bernard, point central entre ces quatre établissements, offre par conséquent la moindre distance à parcourir vers chacun d'eux et se trouve relié par eau avec tous. Le choix de ce point permettrait donc une grande économie sur les frais de transport d'un article encombrant et de principale consommation, ainsi que sur les fréquents envois que se font les grandes prisons de matières premières, objets fabriqués et confectionnés.

La dépense se bornerait à la construction du moulin à vapeur; les magasins se trouveraient dans les locaux évacués en cas d'établissement de quartiers cellulaires, et on n'aurait à payer ni frais de chargement, déchargement ou de transport du bateau au magasin et *vice-versa ;* les bateaux, au moyen du chenal qui pénètre dans l'enclos, pouvant venir se ranger sous les magasins, d'où on les chargerait et les déchargerait au moyen d'un mécanisme très simple.

Ce projet que le Gouvernement a conçu afin de se soustraire aux frais de mouture qu'il paye à des meuniers particuliers, et aux falsifications si difficiles à reconnaître, ne peut être nulle part mis à exécution plus économiquement qu'à Saint-Bernard, point central entre les quatre grandes prisons, où les magasins que l'on devrait construire ailleurs existent, où l'on peut arriver en bateau jusqu'au pied du moulin et des magasins, toutes circonstances qui permettront des réductions de dépenses considérables dans l'établissement du moulin et de ses dépendances, ainsi que dans les frais permanents de transport.

Pour se priver de tous ces avantages par la suppression de la maison de correction de Saint-Bernard, il faudrait des considérations bien puissantes; il faudrait que l'insalubrité de la localité fut bien constatée. Aussi la commission sentant la gravité de ce reproche; considérant d'un côté le grand intérêt qui existe pour l'État et la province, à maintenir cet établissement; de l'autre, la grave responsabilité qui pèserait sur elle si, en vue de cet intérêt, ou faute d'examen suffisant, elle s'exposait à manquer aux premiers devoirs de l'humanité, s'est livrée aux recherches les plus consciencieuses, les plus minutieuses, afin de savoir une bonne fois à quoi s'en tenir sur ce reproche d'insalubrité, si souvent articulé, sans qu'on en ait jamais fait la démonstration.

La commission admettant pour un moment cette insalubrité prétendue, s'est demandé quelle pouvait en être la cause?

La situation de Saint-Bernard au bord d'un fleuve? Mais ce serait la condamnation hygiènique de plus d'un tiers du pays!

Des influences particulières à cette partie du littoral de l'Escaut? Mais Saint-Bernard est bâti sur un sol sablonneux, dans une situation beaucoup plus élevée que la ville d'Anvers, que la commune de Schelle. Mais la commune d'Hemixem à laquelle Saint-Bernard appartient, celle de Schelle, celle d'Hoboken qui l'avoisinent, ne présentent pas d'après les recherches statistiques qu'a faites la commission, un chiffre de décès plus considérable que la moyenne relevée pour les autres parties de la province.

Serait-ce la localité même de Saint-Bernard, son enclos, qui récélerait des causes morbifiques plus nombreuses ou plus actives? Mais les moines de Saint-Bernard qui sont venus s'y établir en 1235, et qui n'en sont sortis que par contrainte en 1793, n'ont certes pas choisi légèrement l'emplacement d'une abbaye, ou n'y seraient pas restés, s'ils s'étaient aperçus que leur santé y était compromise; mais sous l'Empire, des médecins de grade supérieur sont venus reconnaître, explorer cette localité, étudier les influences atmosphériques, analyser les eaux et sur leur rapport St.-Bernard a été converti en *hôpital!*

Depuis, sous le gouvernement hollandais, ce bâtiment, après un nouvel examen par des hommes compétents, a été affecté à une prison correctionnelle, destination qu'il a encore aujourd'hui.

Vainement la commission a-t-elle multiplié ses investigations, elle n'a pu découvrir ni dans les antécédents, ni dans la situation actuelle de l'enclos de Saint-Bernard des causes réelles d'insalubrité.

Cependant elle reconnaissait que le chiffre de la mortalité était plus élevé dans cette prison que dans les autres maisons centrales. La moyenne des décès à Saint-Bernard pendant la dernière période décennale a été de 3 1/2 p. c., dans les autres prisons pour peines d'environ 2 1/2 p. c.

Cette différence de 1 p. c., la commission en a trouvé l'explication dans l'encombrement presque permanent qui a régné pendant cette période dans la maison de correction de Saint-Bernard; dans la division des détenus en trois catégories, d'où résultait parfois que dans l'un ou l'autre quartier il n'y avait pas de rapport entre la population et l'espace que la catégorie occupait; tandis que les détenus occupant d'autres divisions de la prison étaient relativement au large. D'autres causes de mortalité plus grande, spéciales à la population correctionnelle, ont encore été indiquées dans le dernier exposé de la situation administrative de la province: j'aurai l'honneur, Monsieur le Ministre, de vous les faire connaître, mais je terminerai d'abord ce que j'ai à vous dire de l'encombrement.

Je crois utile à ce sujet de vous citer l'extrait d'un rapport du médecin de la maison de correction de Saint-Bernard à M. l'inspecteur général du service de santé, que ce haut fonctionnaire a jugé assez intéressant, pour le faire insérer dans le *Recueil des archives de la médecine Belge*, 5e année, 3e cahier; voici cet extrait.

» Nous parlerons plus loin de l'influence d'un air non suffisamment » renouvelé, et vicié par la réunion d'un grand nombre d'individus dans » un espace trop resserré, sur la production des maladies et surtout de » celles qui font ici le plus de victimes. Saint-Bernard est sous ce rap- » port la plus insalubre des prisons, et cependant il y a possibilité d'y » introduire de grandes améliorations. Pour nous, la seule proposition » que nous puissions faire à ce sujet, serait d'adjoindre de nouveaux bâ- » timents à ceux déjà existants ; car il y a ici encombrement et nous le » voyons augmenter de jour en jour. Cette vérité paraîtra manifeste » lorsqu'on saura qu'un dortoir de 42 mètres de longueur, 7 de largeur » et 4,25/100 de hauteur, renferme 220 individus; d'où il résulte que » chacun a environ 6 *mètres cubes d'air à respirer au lieu de 18*, que » les auteurs s'accordent à déclarer indispensables. »

Pour compléter les détails que j'ai à vous signaler et qui ont vivement frappé la Commission, j'appelerai encore, Monsieur le Ministre, votre attention sur l'extrait suivant d'un autre rapport du même médecin, rapport que j'ai eu l'honneur de vous transmettre dans le temps par ma dépêche du 9 février dernier n° 243.

» En effet l'encombrement augmente tous les jours et les détenus sont » renfermés dans les dortoirs pendant un bien plus long espace de temps » qui n'est pas moindre de quatorze heures les samedis et les dimanches, » de douze heures et demie les autres jours de la semaine. Si comme nous, » Messieurs, vous pouviez les visiter pendant la nuit et surtout vers le » matin, une seule chose vous étonnerait, *c'est comment ils n'y péris- » sent pas asphyxiés !* Ceci n'a rien d'exagéré et ce malheur arrivera » peut-être. Je prends donc la liberté d'appeler toute votre attention sur » ce point important ; j'ose même vous engager à venir vous assurer de la » réalité de ce que j'ai l'honneur de vous avancer, et je suis persuadé que » vous reconnaîtrez avec moi que c'est une bien grande inhumanité que » de traiter ainsi des hommes qui n'ont été condamnés qu'à une simple » détention; aussi tous ceux qui connaissent les autres prisons, envient- » ils le plus grand bien-être dont jouissent les forçats, et vous en con- » naissez qui ont eu recours à la ruse, au crime même pour sortir d'ici. »

En faisant la part de l'exagération qui se révèle dans ce rapport, on ne peut cependant, Monsieur le Ministre, se refuser à reconnaître que l'encombrement, dont se plaint le médecin, a dû exercer une grave influence sur la santé des détenus, et il n'est pas besoin de recourir à des causes locales ou atmosphériques pour expliquer la plus grande mortalité de la prison de Saint-Bernard, surtout si on tient compte des conditions inhérentes à l'emprisonnement correctionnel, qui sont indiquées avec une grande précision dans l'extrait suivant de l'exposé de la situation administrative de la province.

» Comparé à celui de l'année précédente, l'état sanitaire a donc présenté en 1843 des résultats moins favorables; mais envisagé d'une manière plus générale, le chiffre de la mortalité qui est d'environ 3 1/2 p. c. ne peut être considéré comme hors de proportion avec la population, surtout si l'on tient compte des conditions toutes particulières dans lesquelles se trouve placée la prison de Saint-Bernard, qui renferme les condamnés correctionnels et tous les jeunes détenus quel que soit le dégré de leur criminalité.

» En ce qui concerne ces derniers, il est à remarquer qu'il est établi par des documents officiels, que l'âge où la mortalité sévit le plus dans les maisons centrales, est celui de 16 à 20 ans : elle s'élève au double de la moyenne générale. La maison de correction de Saint-Bernard renfermant tous les condamnés de cet âge, il est évident que le chiffre général des décès doit se ressentir de la plus grande mortalité à laquelle est soumise cette période de la vie.

» Les condamnés correctionnels adultes, en raison de la brièveté de la plupart des termes d'emprisonnement et des nombreuses mutations qui en résultent, offrent également de plus grandes chances de mortalité que les condamnés criminels, dont la détention est toujours de *cinq ans au moins.* Il est en effet à remarquer que l'emprisonnement est un état contre nature, qui doit causer, à des dégrés différents, un certain trouble dans les fonctions de l'esprit et du corps.

» La brusque transition de régime, le défaut d'exercice, la privation jusqu'à un certain point du grand air, la nostalgie, dont sont particulièrement frappés ceux qui entrent pour la première fois en prison; toutes ces causes qui agissent avec une grande force dans le principe de l'emprisonnement, et qu'un séjour prolongé atténue ou fait disparaître, doivent nécessairement faire un plus grand nombre de victimes dans les prisons correctionnelles, où, par suite d'un mouvement plus fréquent de la population, elles exercent leur empire sur un nombre d'hommes quatre fois plus élevé que dans les prisons criminelles.

» Si à ces causes on ajoute que les hommes que renferment les prisons criminelles, sont généralement d'un tempérament beaucoup plus éner-

» gique, d'une constitution plus robuste que la population correction-
» nelle, on reconnaîtra que l'état sanitaire de la maison de correction de
» Saint-Bernard, comparé à celui des autres maisons centrales, n'offre
» pas des résultats aussi défavorables qu'ils le paraissent. Mais en poussant
» plus loin nos comparaisons et en mettant la maison de correction de
» Saint-Bernard en regard des maisons centrales de France, nous arrivons
» à une conclusion bien autrement consolante. Ainsi pendant les trois
» dernières années, la mortalité a été en moyenne, dans ces maisons, de
» *un* sur *douze* ou *treize* détenus, soit 8 p. c.; tandis qu'à Saint-Ber-
» nard pendant la même série d'années la mortalité n'a été que de *un*
» sur *trente-trois*, soit 3 p. c.! »

Devant ces observations qui sont de la plus scrupuleuse exactitude,
devant cette rigoureuse logique des chiffres, on reconnaîtra que la solli-
citude la plus susceptible peut se calmer et que la différence entre la
mortalité de la maison de correction de Saint-Bernard et celle des autres
prisons centrales, tient à des causes parfaitement appréciables, qui exer-
ceraient leur influence dans tout autre établissement placé dans les mêmes
conditions. J'espère que cette démonstration mettra un terme à ce grief
d'insalubrité si souvent articulé, lequel bien qu'on n'en ait jamais administré la preuve, s'accréditait dans l'opinion au point que moi-même en
ai été ébranlé, et qu'il m'a fallu une démonstration pour ainsi dire
mathématique pour m'en faire reconnaître l'erreur.

Pour éclairer complétement votre religion à cet égard, je dois vous
prier d'observer, Monsieur le Ministre, que ce n'est pas la première fois
que l'on a réclamé la suppression de la maison de correction de Saint-
Bernard et que ce projet n'a jamais résisté au plus simple examen.

En 1833 M. Teichmann, inspecteur général des ponts et chaussées, et
remplissant provisoirement les fonctions de Gouverneur de la province,
fut consulté à ce sujet; on motivait alors l'abandon projeté de cet établissement sur le délabrement des bâtiments qui auraient exigé de trop
grandes dépenses de reconstruction. M. Teichmann que sa spécialité ren-
dait particulièrement apte à décider une semblable question, se rendit avec
M. l'ingénieur Masui à Saint-Bernard, et après un minutieux examen
des localités, il fit connaître au Gouvernement que la situation n'était pas
telle qu'on la lui avait présentée, que les travaux d'entretien qui n'avaient
pas été exécutés depuis plusieurs années augmentaient nécessairement
la dépense actuelle; mais qu'il s'engageait à opérer la restauration complète des bâtiments et dépendances, de telle sorte qu'ils fussent en bon
état et n'auraient plus besoin que du simple entretien, moyennant une
allocation de *cinquante mille francs* pendant *cinq ans*; il s'engageait
en outre à voûter tous les quartiers de la prison.

2

Le Gouvernement accueillit cette proposition et fit les fonds pour la première année ; des travaux essentiels s'exécutèrent ; un escalier en bois fut remplacé par un escalier en pierres de taille ; les principales dégradations furent restaurées et un quartier de la prison voûté. Tous ces travaux furent exécutés avec économie par les détenus, et l'on pouvait prédire que, dans un terme très rapproché, Saint-Bernard se trouverait dans un état parfait de conservation ; mais dès la deuxième année l'allocation promise ne figura plus au budget et il n'en fût plus question depuis.

Quelques années plus tard, quand les dégradations se furent de nouveau augmentées par suite du défaut de réparation ou de leur exécution tardive, la question d'abandon fut de nouveau soulevée ; le motif était toujours les grandes dépenses qu'occasionnerait la restauration complète de la prison. Feu M. Ernst, à cette époque Ministre de la Justice, voulut avant de se prononcer voir par lui-même la prison, et à la suite de son inspection la conservation de Saint-Bernard fût de nouveau résolue, et quelques travaux indispensables furent exécutés.

Depuis on est tombé dans le même système de différer des réparations urgentes et d'augmenter ainsi la dépense, les dégradations s'étendant et des travaux provisoires devant être exécutés parce qu'il y avait péril en la demeure A aucune époque cependant on ne s'est aussi complètement abstenu que depuis quatre ans. Sur mes instances et celles de la commission administrative des prisons, un de MM. vos prédécesseurs, reconnaissant l'urgence d'exécuter des travaux trop longtemps différés, me promettait par sa dépêche du 20 février 1843 n° 9180,9734 de consacrer toutes les ressources d'un exercice à la maison de correction de Saint-Bernard. Cet arrangement, par des causes que j'ignore, n'a pu être tenu, et les allocations du budget ont continué à être presqu'exclusivement affectées à des travaux dans les prisons de Gand, Vilvorde et Alost.

Pour compléter ce que j'ai à dire sur ce point, j'ajouterai, Monsieur le Ministre, que pendant les dernières années on a différé les travaux les plus indispensables dans l'attente d'un plan d'appropriation générale qui les comprendrait tous. Ce plan est enfin arrivé : il se composait de deux projets, l'un évaluait les dépenses à faire *à onze cent cinquante mille francs !* l'autre à *quatorze cent mille francs !* De l'exorbitance de ce chiffre l'auteur des projets concluait naturellement que mieux valait construire une prison nouvelle que de consacrer des sommes aussi énormes à approprier d'anciens bâtiments. Mais comment était-on arrivé à ce chiffre ? En exagérant les évaluations, en comprenant dans le projet des travaux considérables et parfaitement inutiles, parmi lesquels vous avez dû remarquer, Monsieur le Ministre, un bâtiment nouveau contenant 500 *cellules*, (proposition inopportune puisque le système d'emprisonnement n'est pas encore arrêté) la construction d'un deuxième mur d'enceinte, la démolition de tous les bâtiments situés derrière la prison parmi lesquels plusieurs sont encore neufs, pour les reconstruire sur le devant. De ce nombre étaient les *casernes de la garnison, la buanderie, les séchoirs, la bouillerie de fil, la caserne des gardiens, la bouverie, et un grand nombre de logements d'employés.* On conçoit qu'en procédant de cette façon on arriverait à des résultats encore plus élevés; mais ce n'est pas là un devis sérieux, et j'ai l'honneur, Monsieur le Ministre, de vous rappeler à cet égard le rapport annexé à ma lettre du 8 mars dernier n° 1479, où les deux projets sont examinés en détail, et de fixer particulièrement votre attention sur la proposition faite par le dit rapport « de déléguer un ou plusieurs ingénieurs qui, concurremment » avec quelques membres de la commission administrative des prisons et » le directeur de la maison de correction de Saint-Bernard, feraient une » inspection minutieuse des bâtiments, et détermineraient les travaux à » exécuter en les classant par catégories comme *urgents, indispensa-* » *bles* ou simplement *utiles.* » En donnant suite à cette proposition vous pourrez, Monsieur le Ministre, apprécier les dépenses *réelles* qu'exige la restauration de cette prison.

J'ai cru, Monsieur le Ministre, que ces détails retrospectifs vous mettraient à même de juger la question en pleine connaissance de cause, et je me permettrai d'y ajouter l'expression d'un désir, c'est que vous puissiez vous rendre en personne à Saint-Bernard, pour vous rendre compte de la situation des bâtiments et du parti que l'on pourrait en tirer. Je suis persuadé que cet examen éclairé et impartial avancera plus la question que ne pourraient le faire bien des écrits, et que vous reviendrez de Saint-Bernard avec la conviction, qu'il serait autant contraire aux intérêts de l'État que de la province d'abandonner cet établissement.

Résumant les diverses considérations qui précèdent, j'ai l'honneur de vous répéter, Monsieur le Ministre, que pour le cas d'abandon de la maison de correction de Saint-Bernard, l'emplacement le plus convenable semble être la commune de Contich aux abords de la station du chemin de fer; que si, malgré les motifs qui militent contre ce choix, vous donniez la préférence à la Campine, je suis à même de vous indiquer plusieurs localités qui conviendraient à cette destination.

Sur la question même de l'abandon de la maison de correction de Saint-Bernard à cause des dépenses à y faire, je crois avoir démontré que pour le système en vigueur de l'emprisonnement en commun, Saint Bernard est parfaitement installé pourvu qu'on n'en exagère pas la population; que pour le système de l'isolement, en construisant des quartiers cellulaires sur les faces du bâtiment principal, on trouverait dans ce bâtiment tous les services généraux, ce qui réduirait considérablement les dépenses d'introduction de ce système, en les bornant à la simple construction des cellules; qu'indépendamment de ces avantages, Saint-Bernard, par sa position centrale entre les quatre grandes prisons, relié par eau avec toutes, par les facilités qu'offre le chenal qui permet d'entrer dans l'intérieur de l'enclos, par les vastes bâtiments qui peuvent être convertis en magasins, est merveilleusement disposé pour y établir avec une grande économie relative l'entrepôt des grains et farines pour la consommation des grandes prisons et le moulin à vapeur dont le Gouvernement projette la construction.

Quant à la question de salubrité; que ni les antécédents, ni la situation actuelle ne justifient ce grief; que cette partie du littoral de l'Escaut est et a toujours été considérée comme très-saine, et a successivement été le siége d'une communauté religieuse, d'un hôpital et d'une prison; que la mortalité, d'après les détails statistiques fournis, *ne dépasse pas celle des autres prisons*, si l'on tient compte de l'encombrement presque permanent de Saint-Bernard, et des conditions inhérentes à l'emprisonnement correctionnel, causes qui eussent produit le même résultat dans n'importe quelle localité.

D'après ces considérations, je pense être fondé à vous proposer, M. le Ministre, de prononcer la conservation de la maison de correction de Saint-Bernard, que je crois appelée à rendre de grands services, et de donner les ordres nécessaires, pour que des réparations indispensables et qui ne peuvent plus être différées, y soient exécutées sans délai.

Le Gouverneur de la province,

H. DE BROUCKÈRE.

II.

RAPPORT DE M. LE COMMISSAIRE DU SERVICE DE SANTÉ,

sur l'emplacement du cimetière de la maison de Saint-Bernard, communiqué au département de la justice, par dépêche de M. le Ministre de l'Intérieur en date du 24 février 1843.

MONSIEUR LE MINISTRE,

Le cimetière de la maison de détention de Saint-Bernard est situé à l'un des angles de l'enclos au milieu duquel s'élèvent les bâtiments de cette prison.

L'étendue de ce cimetière est plus que suffisante pour la sépulture des corps que l'on y dépose chaque année, et la distance à laquelle il se trouve de la maison dont il dépend, ne permet pas d'admettre que les émanations qui peuvent s'en dégager, influent sur la santé des détenus.

Les vents qui règnent le plus habituellement sur ce point de la province, s'opposent, d'ailleurs, à ce que cet inconvénient puisse avoir lieu.

Mais d'un autre côté, le cimetière de St.-Bernard présente un inconvénient grave, en ce qu'il est établi sur un terrain en pente, fort humide pendant plusieurs mois de l'année, et à travers les couches duquel filtrent des eaux qui se rendent dans un étang où l'on puise pour la boisson des détenus. Indépendamment des principes délétères dont ces eaux peuvent s'imprégner, en filtrant dans le fond du cimetière, elles se chargent dans leur cours qui se fait à travers des fossés marécageux et mal entretenus, de matières organiques essentiellement altérables; aussi l'étang où elles se déversent avec celles qui lui arrivent d'une autre source, dont les fossés d'écoulement ne sont pas dans des conditions plus favorables, offre-t-il, en été, l'aspect d'une mare plus ou moins infecte.

Il est vrai que l'établissement possède d'autres puits; mais ces derniers sont alimentés par une crique de l'Escaut dont les eaux contiennent toujours, surtout en cet endroit, des matières étrangères dont il est difficile de les séparer par le repos. Je tiens de M. le docteur Staquez que deux jours suffisent pour donner à ces eaux un goût et une odeur putride très-prononcés; que les détenus répugnent généralement à les boire et qu'ils préfèrent en tout temps, celles que fournit l'étang dont j'ai parlé, malgré les qualités désagréables qu'elles contractent en certaines saisons. Le directeur et les employés de la prison tirent l'eau dont ils ont besoin, d'une pompe qui fournit à peine à leur consommation.

La cause d'insalubrité que je signale ici mérite d'autant plus de fixer l'attention du gouvernement, que les médecins attribuent généralement au régime alimentaire la grande mortalité qui règne dans les prisons. En effet, il ne suffit pas que les détenus reçoivent journellement de l'eau saine et une quantité de nourriture suffisante; il faut encore que les aliments, dont cette dernière se compose, soient variés et assaisonnés, tous les deux ou trois jours, avec des condiments différents. Ces changements sont nécessaires pour la digestion car l'estomac, même chez les personnes libres, s'accommode difficilement d'une nourriture uniforme, surtout lorsque les substances lui sont soumises à l'état de soupe ou de purée plus ou moins épaisse. Avant les dernières réformes qui ont été faites en France, les directeurs des prisons ont constamment remarqué que les détenus qui vivaient en partie de comestibles venant des cantines ou du dehors, se portaient beaucoup mieux que les autres, et étaient plus rarement atteints des affections inhérentes à la captivité Je n'insisterai pas davantage sur ce point, son importance ayant sans doute été déjà signalée à Monsieur le Ministre de la Justice. J'ajouterai cependant, pour être mieux compris, que les gouvernements qui ne veillent point attentivement à ce que la constitution des détenus qui doivent rentrer dans la société, n'éprouve pas d'atteintes trop profondes, exposent les populations à des causes puissantes de destruction.

D'après ce qui précède, je juge qu'il y aurait lieu :

1° Soit à faire inhumer les détenus qui succombent à Saint-Bernard, dans une autre partie de l'enclos qui entoure cette prison ou bien dans le cimetière communal; soit à aviser aux mesures nécessaires pour empêcher les eaux qui filtrent à travers le terrain du cimetière actuel, de se rendre dans l'étang qui sert au service alimentaire de la prison;

2° A faire entretenir en tout temps, dans un état convenable, les fossés qui servent à l'écoulement des eaux de la source qui alimente ce même étang;

3° A procurer des eaux potables à la maison de Saint-Bernard, soit au moyen d'un puits artésien, soit par un système de dépuration ou de filtrage bien entendu.

La dépense qu'il faudrait faire annuellement pour inhumer dans le cimetière d'Hemixhem, les détenus qui succombent à Saint-Bernard, n'excéderait pas 250 à 300 francs. Si on voulait éviter cette dépense en créant un nouveau cimetière, il faudrait le placer dans la partie de l'enclos située à la gauche de la porte d'entrée ; car il importe toujours d'éviter que les habitations, quelles qu'elles soient, se trouvent sous le vent des cimetières et des établissements réputés insalubres. J'indique cet emplacement parce que le vent qui règne le plus fréquemment sur ce point de la province est le vent d'ouest. Je signalerai, à cette occasion, les avantages que le gouvernement retirerait, pour la solution de toutes les questions de salubrité relatives aux prisons et aux dépôts de mendicité, d'observations barométriques, thermométriques, anémométriques et hygrométriques, faites avec des instruments comparables, par les soins des médecins ou des chirurgiens attachés à ces établissements.

J'espère, monsieur le Ministre, que ce rapport répondra aux vues exprimées par monsieur le Ministre de la Justice dans la demande qu'il vous a faite au sujet de l'emplacement du cimetière actuel de la prison de Saint-Bernard.

Signé D SAUVEUR.

III.

RAPPORT

sur l'état sanitaire de la prison des détenus correctionnels à Hemixem, près d'Anvers transmis au département de la justice par lettre de M. l'Inspecteur général du service de santé, en date du 16 septembre 1845. (1).

Une question de haute importance s'est élevée au sujet de la maison de correction dite de Saint-Bernard. Cet établissement signalé, à différentes reprises, comme très-insalubre à cause de sa situation topographique et des défauts que présente la distribution intérieure des locaux, a été désigné en outre comme se trouvant dans un état de délabrement excessif et comme devant occasionner des dépenses considérables pour réparations. Ces difficultés ont dû nécessairement préoccuper le gouvernement, et dans la recherche des moyens à y opposer, M. le Ministre de la Justice a été conduit à examiner s'il n'y aurait pas lieu à transférer les prisonniers correctionnels dans une autre localité.

Le conseil provincial d'Anvers ayant eu connaissance de ce projet, s'est ému à l'idée de voir enlever à la province un établissement important, et il a confié à la députation permanente le soin de faire auprès de l'État des démarches pour le conserver. Afin de satisfaire aux désirs du conseil, un mémoire a été présenté à M. le Ministre par M. le Gouverneur d'Anvers, et dernièrement encore, dans une nouvelle réunion du conseil, M. le baron Diert est revenu sur le même sujet, et dans un long discours il a reproduit en faveur de la conservation tous les arguments de la députation permanente (2).

Chargés d'étudier l'état de la prison de Saint-Bernard sous le rapport de la salubrité et d'examiner les différentes considérations émises

(1) *Commissaires :* MM. Vleminckx, inspecteur général du service de santé ; Cambrelin, médecin du pénitencier de Namur; Gouzée, médecin principal de l'armée; Staquez, médecin de la prison de Saint-Bernard; et Mareska, médecin de la prison de Gand, *rapporteur.*

(2) Journal du commerce d'Anvers, n° 159. Année 1845.

dans le travail de M. le Gouverneur, nous avons compris toute la responsabilité que devait faire peser sur nous une mission aussi grave.

En présence de l'intérêt de localité si naturel et si respectable, et d'un autre intérêt non moins puissant, celui de la santé, de la vie et de l'amélioration morale des prisonniers, nous avions à craindre de nous laisser entraîner même involontairement de l'un ou de l'autre côté.

Pour éviter cet écueil et pour arriver à une solution vraie et acceptable, nous nous sommes convaincus que le seul moyen était de nous imposer, dans notre enquête, la plus stricte impartialité et la plus scrupuleuse attention.

Animés de ces idées, nous nous sommes rendus sur les lieux ; nous y avons visité soigneusement le situation du bâtiment et toutes les parties qui le composent; nous avons passé en revue la population entière et y avons interrogé la longue expérience de M. le Directeur et d'autres employés de l'établissement nous avons ensuite médité les rapports adressés à M. l'Inspecteur général du service de santé sur l'état sanitaire de la prison pendant les cinq dernières années, et ce n'est qu'après nous être entourés ainsi de tous les éléments propres à nous éclairer, que nous avons discuté les arguments avancés par la M. le gouverneur d'Anvers en faveur de la conservation, et que nous avons formé notre opinion sur le parti qu'il y avait à prendre.

Dans la question qui nous occupe, la position topographique et la disposition des locaux sont deux points très-essentiels; nous allons les examiner en premier lieu.

Position topographique.

La prison des condamnés correctionnels, établie dans l'ancienne abbaye de St.-Bernard, est située sur le bord de l'Escaut, dans le village d'Hemixem, à deux lieues d'Anvers.

Le sol de ce village est formé par le sable campinien qui recouvre, en cet endroit, la glaise tongrienne exploitée à Rupelmonde et à Boom pour la fabrication des briques et des tuiles.

Les sables n'ayant conservé que les restes solides des corps organisés qui y ont été enfouis, ne donnent lieu à aucune émanation; mais il n'en est pas tout-à-fait de même de la glaise tongrienne qui, quoiqu'appartenant au terrain tertiaire inférieur, renferme une grande quantité de débris organiques. Toutefois, il est vrai de dire que ces débris ayant été pour ainsi dire emprisonnés, ne laissent émaner des miasmes que quand ils sont mis à nu et remués.

Si le solfquème d'Hemixem n'exerce point une influence marquée sur la constitution médicale, il n'en est pas ainsi du terrain avoisinant.

Une couche d'argile, décrite par M. le professeur Dumont sous le nom d'argile moderne d'Ostende, ou de Flandre (1), s'étend le long de la mer depuis Dunkerque jusqu'au-delà d'Anvers, en passant par Furnes, Dixmude, Nieuport, Ostende, Damme et Assenede. Cette bande, limitée du côté de la mer par les dunes, est bornée du côté des terres par une ligne sinueuse qui constituait autrefois les limites maritimes de la Belgique, et en-deçà de laquelle le sol est formé par le sable campinien (2).

Or, l'argile moderne est formée par la mer actuelle depuis les temps historiques; elle recouvre, en plusieurs endroits, une couche épaisse de tourbe, et renferme une quantité considérable d'êtres organisés, identiques avec ceux que la mer dépose encore aujourd'hui sur ses rivages. On peut donc la comparer à l'argile des polders et à la vase qui se trouve au fond de nos mers actuelles et des marais quand elle est mise à sec; comme elles, elle est fortement imprégnée des parties molles des êtres organisés qui y ont péri, et qui, dans certaines circonstances atmosphériques, produisent d'abondantes exhalaisons.

Si maintenant nous considérons que les habitants des marais et des polders sont constamment en proie aux fièvres intermittentes paludeuses, que ces fièvres règnent également d'une manière périodique le long de cette bande, et qu'il a été admis de tout temps que la cause de ces fièvres réside dans les émanations miasmatiques produites par les dépôts des matières organiques qui existent dans le sol, l'on ne pourra nier que la position d'un établissement public dans le voisinage de l'argile des Flandres, ne peut être considérée comme favorable.

L'origine de ces terrains modernes d'alluvion prouve aussi qu'ils doivent être en général bas et souvent humides. Une assertion de M. le directeur de la prison confirme ce fait; il nous a dit qu'en hiver l'eau se trouve à un pied et demi ou à deux pieds au-dessous du sol.

En parlant de la topographie de St.-Bernard, nous ne pouvons passer sous silence deux causes d'insalubrité, qui, quoiqu'indépendantes du sol, sont aussi inhérentes que lui à la situation de l'établissement. Ces causes sont : le chenal de Schelle et les briqueteries d'Hemixem.

Le chenal est une espèce de marais qui entoure la maison, du moins en partie. Il est formé par une eau d'où s'exhalent presque constamment des miasmes dangereux. L'eau de l'Escaut elle-même laisse deux fois en vingt-quatre heures le lit boueux du fleuve à nu.

(1) Bulletin de l'Académie des sciences de Bruxelles, tom. V. page 612.
(2) *Idem*, tom. VI, page 475.

Les briqueteries d'Hemixem occupent un espace considérable tout près de Saint-Bernard. Pendant la calcination de l'argile il se produit du gaz sulfureux et d'autres substances volatiles qui s'élèvent en nuées au-dessus des fours, et qui vont s'abattre, en grande partie, sur la prison de Saint-Bernard, lorsque le vent se trouve dans certaine direction.

Lors de nos visites, l'odeur que donnaient ces émanations, était très-forte; elle était répandue par toute la maison, et M. le directeur nous affirma que souvent elle était beaucoup plus intense encore. Les effets nuisibles que produisent ces émanations, ont été signalés à l'administration des prisons par M. le médecin de l'établissement dans son rapport du deuxième trimestre 1844. Voici comment ce fonctionnaire s'exprime à cet égard :

« L'odeur du soufre, dit-il, qui pénètre jusque dans les pièces le » mieux garanties (de la maison) provient de l'acide sulfureux qui se » dégage des briqueteries pendant la cuisson, et qui nous est amené » lorsque le vent souffle de leur direction, c'est-à-dire, du nord et du » nord-ouest. Or ces vents, ayant pour ainsi dire été continuels pen-» dant une grande partie de ce trimestre, on peut dire que nous avons » presque toujours été plongés dans une atmosphère réellement suffo-» cante. Pour nos malheureux poitrinaires et nos nombreux phthisiques, » respirer un air aussi malfaisant est une affreuse calamité. »

Disposition des locaux.

St.-Bernard est une ancienne abbaye de l'ordre de Citeaux qui, selon les auteurs des Délices des Pays-Bas, a été fondée en 1233, par Henri IV duc de Brabant (1), et qui, d'après A. Wauters, aurait été fondée à Vremde par Egide Berthout, en 1235, et transférée à Hemixem en 1241 (2).

L'ordre de Citeaux appartenait aux ordres défricheurs, et les moines de St.-Bernard, en choisissant le village d'Hemixem pour la formation de leur établissement, eurent évidemment pour but de livrer à la culture des terrains incultes et presque stériles. En effet, il est généralement connu que le sable campinien est peu fertile de sa nature et qu'il contraste singulièrement, sous ce rapport, avec l'argile des Flandres à laquelle il est contigu.

Plus tard, l'ordre ayant acquis de grandes richesses, le prieur occupa une maison à Bruxelles, et le cloître de St.-Bernard ne fut plus pour lui qu'une espèce de maison de campagne qu'habitait avec lui un petit nombre de moines; et si ce que nous avons appris à cet égard sur les

(1) Délices des Pays-Bas, tom. 1er, page 293, 6e édition. Liége, 1769.
(2) Délices de la Belgique, par A. Wauters, page 127, édition de Bruxelles, 1844.

lieux est exact, cet enclos où logent aujourd'hui de onze à douze cents détenus, ne contint longtemps qu'une vingtaine de religieux.

Quoiqu'il en soit, il est constant que la maison de St.-Bernard est un ancien bâtiment construit pour une destination bien différente de sa destination actuelle, et que ce n'est qu'après avoir existé pendant des siècles comme monastère, et après avoir été ensuite successivement employé comme hôpital temporaire et proposé pour établissement d'instruction pour les marins, qu'il a été enfin transformé en prison (1).

Quand on examine dans les anciens livres le plan de St.-Bernard, on est frappé de la beauté de cette abbaye; il est impossible de ne pas admirer la disposition et l'étendue des locaux et des jardins (2) Il est loin d'en être ainsi aujourd'hui. En entrant dans la prison des correctionnels on est saisi de l'aspect sombre qu'elle présente. On éprouve involontairement un frisson causé par le froid et l'humidité qui y règnent, et cette sensation désagréable ne vous abandonne point, quelque part que vous vous rendiez. Au lieu d'admirer la beauté et l'étendue des bâtiments, partout on se sent à l'étroit. Les cours ou préaux paraissent rétrécis; les ateliers sont mal ventilés. La plupart des dortoirs sont établis dans les combles; ils sont en général très-bas, et plusieurs d'entre-eux ne reçoivent l'air et la lumière que par des lucarnes.

Un couloir étroit et un grenier servent d'infirmerie, et l'absence de préau spécial pour l'hôpital condamne les malades et les convalescents à rester continuellement plongés dans l'air vicié des salles.

Le père Kluchman, quand il méditait avec le Bailli Vilain XIIII la construction de la belle prison de Gand, changea quatre fois les dispositions de son plan, et jamais on ne devinerait le motif qui produisit cette hésitation. Il passa du cercle au carré, du carré à l'octogone, et cela uniquement pour trouver le moyen de placer convenablement les lieux d'aisances; tellement il est difficile de placer les fosses nécessaires pour une si grande réunion d'hommes, sans qu'il en résulte des inconvénients soit sous le rapport de la morale et de l'intérêt du travail, soit sous celui de la corruption de l'air. Tant de soins ne préoccupèrent pas et ne purent préoccuper les architectes de la prison de St.-Bernard. Aussi les latrines y sont-elles pour ainsi dire jetées au hasard dans la proximité des salles, et elles y répandent des gaz méphitiques que le mode vicieux suivi pour le curage des fosses multiplie considérablement, et qui viennent ajou-

(1) Cette transformation eut lieu sous le gouvernement hollandais, en 1821.
(2) Quoique cette abbaye, disent les auteurs des Délices des Pays-Bas, ait été brûlée pendant les anciennes guerres, et par malheur en 1672, elle est beaucoup plus belle qu'elle n'a été autrefois; il en est de même de son église dont l'autel est superbe.

ter à l'insalubrité de l'air produite par l'accumulation des hommes, par la mauvaise disposition des locaux et par la position de l'établissement (1).

En général, l'impression que l'on éprouve en visitant la maison de correction est défavorable, et pour peu que l'on soit initié à la science des prisons, on y remarque les plus grand défauts.

Par quelle fatalité cette maison, autrefois si belle, est-elle si fortement déchue aujourd'hui? La raison en est évidente. Chaque destination nouvelle exige des changements, et l'architecte forcé de pourvoir à des besoins tout à fait nouveaux avec des dispositions architectoniques données, s'est trouvé infailliblement obligé de sacrifier les premières règles de l'hygiène à d'impérieuses nécessités.

Pour enfermer, loger et occuper des centaines de prisonniers dans un enclos où vivaient autrefois, comme nous l'avons dit, une vingtaine de religieux, il a fallu, à tout prix, prendre des mesures de sécurité et trouver de nombreux dortoirs et ateliers. Ainsi se sont barricadées, rétrécies ou fermées beaucoup d'issues et de fenêtres; ainsi s'est introduit le couchage en commun, si fatal dans toutes les grandes réunions d'hommes, parce qu'il entraîne toujours avec lui l'immoralité et l'encombrement, et se sont fermés ces vastes couloirs qui jadis répandaient, avec l'air et le jour, la vie et la santé dans l'établissement. Transformés maintenant en salles de travail, non-seulement ils constituent des ateliers insalubres, mais ils empêchent encore l'aérage des salles qui primitivement étaient éclairées et assainies par eux.

Après avoir passé en revue, dans la position de l'établissement et dans la disposition des locaux, toutes les causes capables de réagir sur la santé des habitants en altérant l'air qu'ils respirent, nous avons dû nécessairement porter notre attention sur l'eau, le plus essentiel de nos aliments et dont la pureté n'importe pas moins peut-être à notre existence que celle de l'atmosphère.

À différentes reprises, l'eau de l'enclos de St.-Bernard a été signalée par les médecins comme étant de mauvaise qualité. Pour nous en assurer nous avons puisé de l'eau à toutes les sources employées. L'aspect et le goût seuls auraient pu nous suffire pour nous prononcer sur la qualité. En effet, elle était trouble, d'une couleur jaunâtre, d'une saveur fade, et l'on y voyait flotter des débris de matières organiques. Cependant, ne voulant pas nous en rapporter aux seuls caractères physiques, nous l'avons examinée à l'aide de réactifs. L'analyse nous y a fait découvrir, outre les sels qu'on trouve ordinairement et souvent en plus grande quan-

(1) Voyez les rapports de M. Staquez. Archives de la Médecine belge, année 1844.

tité dans les autres eaux, des substances organiques dont une partie peut être séparée par la filtration, mais dont la majeure partie se trouve en dissolution. La quantité totale peut être évaluée à environ deux décigrammes par litre d'eau (1).

Cette quantité de substances organiques est considérable, et quelle que soit la cause à laquelle il faille attribuer leur présence, soit qu'elles proviennent, comme le pense M. Staquez, de ce que les eaux filtrent par la terre du cimetière, soit qu'elles doivent leur origine à la nature du terrain, ou bien à ce que l'eau demeure stagnante dans une espèce d'étang, toujours est-il certain qu'elles peuvent être considérées comme des matières animales et végétales en voie de décomposition, et comme constituant en conséquence une source de maladies. Il a été constaté par nous que cette eau, abandonnée à elle-même dans un vase ouvert pendant 2 ou 3 jours, contractait un goût et une odeur putrides.

Population.

Nous venons de considérer l'établissement de St.-Bernard sous le point de vue de sa position topographique et de sa construction. Examinons-le maintenant sous celui de la population qu'il renferme, et nous y trouverons de nouvelles causes d'insalubrité.

Au moment de notre visite du 6 décembre 1844, la maison était oc-

---

(1) M. Gouzée, dans son rapport fait en 1850 à M. l'Inspecteur général du service de santé n'a pas tenu compte des matières organiques qui existent dans l'eau de St.-Bernard.

La majeure partie des matières organiques étant en dissolution, la filtration ne suffirait donc pas pour assainir entièrement cette eau.

Voici les résultats de l'analyse que nous avons faite nous-même de l'eau de St.-Bernard,

Un litre d'eau a donné :

	Grammes.
Matières organiques séparables par la filtration.	0,05
Sels et matières organiques en dissolution.	0,28
Les matières organiques en dissolution carbonisées ont fourni du charbon pesant.	0,116

Nous avons analysé, pour servir de terme de comparaison, l'eau du laboratoire où l'analyse a été faite.

Un litre d'eau de pluie a donné :

Matières séparables par la filtration.	0,00
Sels et matières organiques dissous.	0,04
Ce résidu de sels et de substances organiques a fourni du charbon pesant.	0,019

Un litre d'eau de puits a fourni par évaporation :

Un résidu pesant.	0,505

Ce résidu n'a donné que des traces impondérables de charbon.

cupée par 1,166 détenus condamnés à des peines correctionnelles. La population venait d'être réduite à ce chiffre par le départ des enfants pour St.-Hubert, et par le transfert de plusieurs détenus à Vilvorde.

Ces 1,166 détenus étaient répartis le jour, dans 21 ateliers. Nous ne comparerons point l'étendue de ces ateliers avec la population. Pour donner une idée de l'encombrement qui y existe, il suffira de dire que nous avons compté dans un atelier de moyenne dimension au-delà de 100 fileurs, et que le défaut de place était tel qu'il se trouvait des ouvriers partout, même dans la chapelle.

La nuit, la population de St.-Bernard est dispersée dans 14 dortoirs communs dont la grandeur, exprimée en mètres cubes, a été mise en relation avec le nombre d'hommes dans le tableau suivant :

DORTOIRS.	POPULATION.	GRANDEUR EN MÈTRES CUBES.
No 1.	104	1,161 mèt.
2.	113	1,263 »
3.	83	573 »
4.	87	803 »
5.	56	610 »
6.	71	768 »
7.	49	400 »
8.	40	394 »
9.	62	564 »
10.	82	616 »
11.	105	964 »
12.	116	1,035 »
13.	62	1,157 »
14.	57	527 »
. . . .	1,087	10,635 mèt.

L'expérience et le calcul sont d'accord qu'il faut à l'homme de 6 à 10 mètres cubes, ou en moyenne 8 mètres cubes d'air par heure.

Pendant les mois d'hiver, les détenus sont renfermés dans leurs dortoirs pendant 12 heures, et même deux fois par semaine pendant 14 heures par jour; en été, ils y sont moins longtemps, et l'on peut calculer la longueur moyenne de leur nuit à dix heures.

D'après ces données, chaque détenu devrait avoir, en moyenne 80, et au minimum 60 mètres cubes d'air.

Or, la division de la capacité des dortoirs par la population relative nous démontre qu'il n'en ont au maximum que 18, au minimum 6, et en moyenne 10, c'est-à-dire le sixième du minimum requis.

Que l'on ne nous objecte pas que ces calculs sont exagérés parce qu'ils sont établis dans l'hypothèse que l'air des salles ne se renouvelle pas pendant la nuit. Quiconque a l'expérience des prisons n'ignore pas que ce renouvellement est presque nul. Ensuite, dans ces agglomérations de prisonniers, la viciation de l'air par l'accumulation de l'acide carbonique n'est pas l'accident le plus redoutable; ce qu'il y a le plus à craindre, ce sont les émanations animales qui développent les maladies et qui, en viciant le sang, impriment même aux maladies qu'elles n'engendrent pas, un caractère grave et spécial; et certes, celles-là ne se dégagent pas, à moins qu'on n'établisse une ventilation très-active. Pour s'en convaincre, l'on n'a qu'à se rendre le matin, avant le lever, dans un de ces dortoirs où une centaine d'hommes ont passé la nuit.

L'infirmerie elle-même n'échappe pas à l'encombrement.

Dans la salle première, qui a 1,326 mètres cubes d'étendue, nous avons trouvé 32 malades, soit 42 mètres cubes par malade.

Dans la deuxième salle, qui n'a que 1021 mètres cubes, il y avait 46 malades, donc 1 malade pour 23 mètres cubes.

Dans la salle n° 3, ou couloir, dont les dimensions ne s'élèvent qu'à 347 mètres cubes, il y a 13 lits, soit 27 mètres cubes par lit (1).

Enfin, dans la salle des galeux, qui compte 304 mètres cubes de capacité, il y a 12 lits, mais comme le nombre de ces malades n'atteint jamais ce chiffre, et qu'il en dépasse même rarement la moitié, il en résulte que les galeux sont les mieux traités sous le rapport de l'espace.

L'on ne serait pas embarrassé, sans doute, de nous citer bien d'autres hôpitaux où les malades n'ont pas plus d'espace; nous dirons même, pour ne pas sortir des prisons, qu'ils n'en ont peut-être pas davantage à

_____

(1) Lors de notre visite, il n'y avait que neuf malades dans ce couloir, mais ordinairement les treize lits sont occupés.

Gand et à Vilvorde; mais la question de l'espace est évidemment dépen-
dante d'autres circonstances, telles que la ventilation, le temps du
séjour, etc. Dans une infirmerie comme celle de Saint-Bernard, où, faute
d'aérage, les malades séjournent presque dans l'obscurité, où ils respirent forcément un air vicié par d'abondantes transpirations, par les
miasmes qui s'exhalent des abcès, des caries, des cancers et d'une foule
d'affections semblables, et où, faute de préau, les convalescents sont
forcés de rester jour et nuit au milieu des malades, ce n'est qu'en espaçant
fortement les lits et en n'en plaçant que le quart ou le huitième peut-
être de ce qu'on mettrait ailleurs que l'on peut éviter de grands maux.

Excepté quelques rares dortoirs dans le plafond desquels on avait
percé de simples ouvertures, qui ne fonctionnaient pas, ou qui fonctionnaient mal, aucune salle, lors de notre première visite, n'était munie
d'un moyen quelconque de ventilation. Partout l'aérage s'opérait par
les courants naturels savoir par les portes et les fenêtres, et ce moyen,
déjà si imparfait par lui-même, comme il est laissé à la disposition des
prisonniers, est d'ordinaire complètement annihilé. Au mois d'août
1845, nous avons trouvé le renouvellement d'air activé dans quelques
dortoirs et dans l'hôpital par des cheminées d'appel, et l'infirmerie avait
en outre été agrandie.

Il est juste de dire que le défaut de ventilation n'est pas un défaut particulier à Saint-Bernard. Il existe dans la plupart de nos établissements
publics; il existe dans presque toutes nos fabriques. Cette partie importante de l'hygiène publique est généralement négligée dans notre pays.
Deux causes contribuent à produire ce résultat. D'abord, les effets de
l'air vicié sur l'économie ne sont pas de ces effets qui frappent les sens; ils
se produisent lentement, et par conséquent échappent à l'appréciation du
vulgaire. Ensuite, dans les ateliers, la ventilation contrarie souvent les
intérêts du maître ou de l'ouvrier, et les hommes de l'art ayant à lutter
à la fois contre l'ignorance et contre l'intérêt matériel, ne parviennent
que rarement à se faire entendre.

Nature des maladies qui règnent à Saint-Bernard.

Il résulte des considérations dans lesquelles nous venons d'entrer pour
prouver l'encombrement de l'hôpital, qu'au moment de notre enquête,
le nombre des malades était de 79. Nous ne déduirons aucune conséquence
de cette donnée, puisqu'à notre avis le nombre des admissions à l'infirmerie est susceptible de varier par trop de motifs indépendants de l'insalubrité de l'établissement, pour qu'il soit possible d'y baser la moindre
conclusion. Nous préférons nous adresser à la nature des maladies, persuadés que, si les idées que nous avons émises sur les vices de la prison

sont exactes, elles trouveront leur confirmation dans le genre des affections morbides qui s'y observent.

Quelque soit souvent la difficulté d'indiquer d'une manière précise la
cause des maladies, il n'en est pas moins constant qu'il est certains genres
d'affections dont nous pouvons avec quelque certitude indiquer la source.

Or, si nous trouvions à Saint-Bernard les fièvres intermittentes régnant
endémiquement; si ensuite nous y rencontrions en certaine abondance
des maladies qui naissent ordinairement sous l'empire de l'encombrement; si, enfin, nous prouvions que les maladies, qui résultent du régime
pénitentiaire, s'y développent plus rapidement que dans d'autres prisons
et qu'elles y sont plus meurtrières, nous serions, pensons-nous, en droit
d'en conclure que l'établissement de Saint-Bernard laisse à désirer et par
sa position topographique, et parcequ'il y a exubérance de population,
et parceque les causes inhérentes à la vie cloîtrée y sont exagérées, ou
portées au-delà des limites strictement nécessaires.

Dans ce but, ouvrons les rapports de M. le médecin de Saint-Bernard et
nous y trouverons, presqu'à chaque page, la preuve de l'existence des
fièvres d'accès comme maladie endémique.

« Tous les détenus, dit M. Stacquez, en sont atteints; la maladie sévit
» jusque sur les malades retenus dans l'infirmerie pour d'autres maux. Il
» est impossible, continue-t-il ailleurs, que les tableaux des maladies
» relatent tous les cas, puisqu'il est impossible d'admettre tous les
» fiévreux dans l'hôpital. » Cependant le tableau des malades entrés à
l'infirmerie en 1843, constate 95 cas de fièvres périodiques, et ce nombre,
quoiqu'il soit inférieur au nombre des fièvres observées, constitue néanmoins la sixième partie du nombre total des maladies internes, et suffit à
toute évidence pour démontrer que, quoique placée dans le sable campinien, et à deux lieues de l'argile des Flandres, la prison de Saint-
Bernard souffre considérablement de l'action de l'élément marécageux.

D'après l'un des membres de notre commission qui se trouve depuis
plusieurs années à la tête d'un grand hôpital à Anvers, les fièvres intermittentes ont diminué de fréquence, dans cette localité, pendant quatre
ou cinq ans, pour reparaître plus nombreuses cette année. En donnant le
relevé de 1843, nous sommes donc restés au-dessous de la moyenne
annuelle, et si nous avons choisi cette année de préférence à d'autres,
c'est que nous avons cédé au désir d'appuyer, autant que possible, nos
raisonnements sur des résultats authentiques, et ceux de 1843 sont les
seuls qui, à notre connaissance, aient été livrés au public (1).

_____

(1) Archives de la médecine belge. Année 1844, cahiers de mars, avril
et mai.

Nous avons parcouru les rapports sur les décès de Saint-Bernard pendant les cinq dernières années, et nous n'avons pas trouvé nous ne dirons pas une seule année mais un seul trimestre où l'on n'ait eu à enregistrer des morts à la suite de fièvres continues. Il y a plus, ces fièvres y règnent épidémiquement d'une manière presque constante. Elles y régnèrent, en 1843, sous la forme d'érysipèles typhoïdes (1), elles y règnent, en 1845, sous la forme de typhus ataxique (2). Personne ne révoquera en doute la cause de ces fièvres. Elles sont la production forcée de l'altération du sang engendrée par la viciation de l'air et de l'eau, et elles constituent le contrôle le plus certain de ce que nous avançons plus haut sur les défauts du bâtiment et l'encombrement.

Nous abordons maintenant la partie la plus difficile de notre travail, savoir : l'appréciation des causes des affections chroniques qui, au rapport des médecins, sont si nombreuses à Saint-Bernard. Dans la recherche à laquelle nous allons nous livrer, il nous serait impossible de procéder autrement que par voie de comparaison.

Établissons d'abord ce fait : que l'incarcération étant un état contre nature, est par elle-même, et abstraction faite de toute influence accessoire, une cause puissante de détérioration physique.

L'histoire des prisons comprend trois périodes. Dans la première, la sécurité était le seul élément qui présidait à l'emprisonnement, et toutes les lois de l'hygiène étaient honteusement sacrifiées. La seconde comprend la réforme matérielle. Elle vit naître dans notre pays deux établissements nouveaux, conçus d'après des vues sages et élevées. La troisième est la période actuelle; elle se distingue par une plus grande sévérité dans le régime matériel et une tendance vers l'amélioration morale ou par des essais d'amendement.

Le caractère de chacune de ces périodes s'est réfléchi fidèlement dans les tableaux nosologiques et mortuaires.

Pendant la première, les prisons eurent leurs maladies spéciales, et le nombre des maladies ainsi que la mortalité furent effrayants. C'est alors que certaines fièvres de mauvaise nature, reçurent la dénomination de fièvres des prisons (*febres carcerum*). Pendant la seconde, les chances de maladie et de mort pour les détenus se rapprochèrent de près de celle de l'homme libre (3). Pendant la troisième enfin, la morta-

(1) Archives de la médecine belge, année 1844, cahiers de mars, avril et mai.
(2) Les tableaux du 1er trimestre constatent déjà sept décès à la suite de cette maladie.
(3) Dans la prison de Gand, cette seconde période comprend 10 ans. La population moyenne, pendant cet espace de temps, a été de 1,016 hommes, et 20 a été la moyenne des décès; ce qui revient à 1,96 sur 100.

lité s'est légèrement accrue (1) et les maladies ont pris un caractère plus prononcé de langueur. Aujourd'hui, dans nos maisons centrales, les maladies franchement inflammatoires sont rares; à peine en rencontre-t-on quelques cas lors du renouvellement des saisons. Sous l'influence de notre régime pénitentiaire toutes les fonctions de l'économie, quelque vigoureuses qu'elles fussent avant l'entrée, s'affaiblissent lentement; le teint pâlit, les chairs deviennent flasques et décolorées, les forces diminuent, la graisse disparaît de toutes les parties du corps, et avec les progrès de la détérioration physique surgissent les scrofules, les caries, les cancers, les tubercules, les hydropisies, la folie; et après de longues souffrances, le malade succombe au marasme, à moins qu'il n'aille à temps retremper sa constitution à l'air libre de la campagne ou au sein de sa famille.

Tous les médecins des prisons de Belgique, témoins de ces faits, les ont signalés et ils ont été unanimes sur les causes qui les produisent. Chez tels détenus ce sont les affections morales, le désir de liberté ou la nostalgie; chez tels autres c'est particulièrement le vice solitaire qui les détruit; chez tous ce sont les travaux sédentaires dans des lieux plus ou moins resserrés, le renoncement brusque aux moyens d'excitation auxquels le corps était habitué antérieurement, la contrainte morale et le régime alimentaire qui peu à peu minent la santé et hâtent le terme fatal.

Il y a peu d'années, l'on a fait subir au régime des maisons centrales de France des modifications qui les rapprochent des nôtres. Le gouvernement français, persuadé que le bien-être matériel des détenus et l'absence de discipline étaient les principales causes des récidives, a supprimé les cantines, et a introduit des mesures d'ordre capables de faire sentir aux prisonniers que la détention est une peine. Quelques mois ont suffi pour changer la nature des maladies et pour les assimiler à celles que nous observons ici (2).

Dans les villes de la Belgique la mortalité par an, pour les hommes de 41 ans, est de 1,81 sur 100.

(1) Pendant la 3e période qui, pour nous, date de 9 ans, la population moyenne pendant les sept premières années a été de 849 hommes, et la moyenne des décès de 20,28 ou de 2,58 sur 100.

(2) La suppression des cantines en France eut lieu en 1839. Après six mois d'expérience, M. Lalourré, médecin de la maison centrale d'Eysses, dans son rapport annuel au gouvernement, écrivit ces lignes : « Les maladies de la prison, en 1840, ont plus souvent présenté le caractère chronique que dans les années antérieures, ce que j'attribue au changement apporté depuis le mois d'août 1839 dans le régime alimentaire, par la suppression de la cantine, qui permettait aux prisonniers de se procurer de la viande et du vin. »

A défaut de ce consentement unanime des médecins, l'on trouverait la preuve de l'influence déprimante du régime cloîtré, joint à une vie de privation, dans l'état comparatif des causes qui amènent les décès dans nos prisons.

En 1843 et 1844, les décès dans la prison de Saint-Bernard ont eu lieu à la suite de :

	1843.		1844.	
Fièvre typhoïde.	9		1	
Phthisie tuberculeuse.	13		13	
Autres affections chroniques des poumons.	7	22	7	23
Affections chroniques du cœur.	2		3	
Cancers, scrofules, caries, squirres, etc.	11		8	
Leucophlegmasie, suite de fièvre palludeuse. . . .	2		»	
Scarlatine.	2		»	
Epilepsie apoplectiforme.	1		»	
Suicide.	»		1	
Total. . . .	47		33	

A Gand, les décès, pendant les mêmes années, ont été le résultat de :

	1843.		1844.	
Affections chroniques des poumons.	2		1	
» » du cœur avec ou sans albuminurie.	3	5	4	5
Marasme { péritonite chron. ulcérations des gros in-				
abdominal. { testins, cancers, etc.	2		3	
Carie des vertèbres, scrofules, etc.	1		1	
Dépérissement, vieillesse.	1		2	
Tubercules dans le cerveau, ramollissement. . . .	1		2	
Pendaison volontaire.	2		1	
Total.	12		14	

Dans la même prison de Gand, depuis 1834 jusqu'en 1842 inclusivement, il est mort à la suite de :

Affections chroniques des poumons ou des plèvres.	89 détenus.
Affections abdominales	18 »
Maladies chroniques du cerveau et de ses enveloppes	12 »
Cancers de la face ou d'autres parties extérieures.	8 »
Affections chroniques du cœur et du péricarde avec ou sans albuminurie.	9 »
Albuminurie essentielle.	1 »

Fièvre typhoïde.		1	»
Choléra asiatique.		5	»
Vieillesse, épuisement . . . . , .		13	»
Mot. subite (cause inconnue). . . . . . . ,		7	»
Mort accidentelle. { Suicide		4	»
Plaie d'arme à feu.		1	»

En somme. 168 détenus.

La population moyenne de l'établissement pendant ces huit années , a été de 862 hommes.

Le tableau suivant exprime les décès qui ont eu lieu à Vilvorde à Alost, et à Namur, en 1844.

	VILVORDE.	ALOST.	NAMUR.
Fièvre typhoïde.	»	2	1
Phthisie pulmonaire.	3	8	9
Affections chroniques du cœur. . .	1	1	1
Squirres, scrofules, etc.	2	3	3
Apoplexie.	1	»	»
Décrépitude.	»	»	1
Suicide.	1	»	»
Totaux. . .	8	14	15

Si l'on excepte les fièvres continues dont on n'a plus rencontré d'exemple à Gand et à Vilvorde depuis nombre d'années, l'analogie entre les maladies qui amènent la mort dans les divers établissements est manifeste. Partout ce sont des affections chroniques ; celles des poumons viennent en première ligne ; après elles les plus meurtrières sont les caries, les cancers, et c'est à peine si l'on voit quelque part un décès à la suite d'une affection aiguë.

La similitude qui existe entre les causes des décès se retrouve aussi dans les tableaux des maladies. Partout s'observe la même prédominence des diathèses, tuberculeuse, scrofuleuse et cancéreuse.

Comparons maintenant le chiffre de la mortalité dans nos différents pénitenciers. Les registres de décès donnent les résultats suivants :

ANNÉES.	POPULATION MOYENNE DE LA PRISON.	NOMBRE MOYEN DES DÉCÈS PAR ANNÉE.	RAPPORT DES DÉCÈS A LA POPULATION.
Saint-Bernard.			
1823 à 1830	1222	68	5. 6 p. %.
1831 à 1836	939	45	4. 8 »
1839 à 1844	1193	41	5. 45 »
MOYENNES GÉNÉRALES.	1118	51	4 5 p. %.
Vilvorde.			
1823 à 1830	1070	37	3. 46 p. %.
1831 à 1836	926	28	3. 00 »
1839 à 1844	828	11	1. 30 »
MOYENNES GÉNÉRALES.	941	25.3	2. 6 p. %.
Gand.			
1823 à 1830	1196	22	1. 9 p. %.
1831 à 1836	1187	31	2. 6 »
1839 à 1844	950	19	2. 0 »
MOYENNES GÉNÉRALES.	1111	24	2. 1 p. %.
Alost.			
1823 à 1830	248	6	2. 4 p. %.
1831 à 1836	458	8	1. 7 »
1839 à 1844	1202	17	1. 4 »
MOYENNES GÉNÉRALES.	636	10	1. 5 p. %.

Ainsi, à toutes les époques, la mortalité a été beaucoup plus grande à Saint-Bernard que dans aucune des autres prisons pour peines. Tandis qu'à Gand, depuis la réorganisation, elle est de 2 p. c. de la population et qu'à Vilvorde et à Alost elle est réduite à 1,3 ou 1,4 sur cent, dans la maison de correction d'Hemixem elle s'est maintenue au taux élevé de 3,45 p. c. (1). Cependant comme les fièvres continues enlèvent tous les ans dans cette prison un certain nombre de détenus, il importe d'examiner si ce n'est pas à elles que l'excès de mortalité doit être attribué.

Nous avons cherché la solution de cette question dans les rapports médicaux des cinq dernières années; ils nous ont donné l'intime conviction qu'abstraction faite des décès qui résultent des fièvres continues, la mortalité à Saint-Bernard s'élève encore plus haut que dans les autres pénitenciers.

Ces rapports présentent trop de lacunes pour que nous reproduisions ici les résultats résumés de tous. Nous nous contenterons de ceux de 1843 et 1844 que nous avons donnés plus haut. Ils sont complets, et ils suffiront d'autant plus que, dans les prisons pour peines, en temps ordinaires, les résultats de toutes les années se ressemblent, puisqu'il est naturel que les mêmes causes produisent les mêmes effets.

Si l'on retranche des 80 décès qui ont eu lieu à Saint-Bernard, en 1843 et 1844, les 10 morts de fièvres typhoïdes, et les 2 ou 3 décès à la suite d'affections plus ou moins aiguës, il reste 34 décès par an, provoqués par des maladies de langueur, et ce nombre comparé à la population moyenne de ces deux années donne encore une mortalité de 2,53 p. c. Or, dans aucun autre établissement pénitentiaire du pays, la mortalité, même totale, ne s'élève à ce chiffre.

La mortalité dans la prison de Gand, comparée à celle de Vilvorde, et à elle-même dans ses diverses périodes, nous apprend un fait utile et important.

C'est de 1823 à 1833 que l'état sanitaire de la prison de Gand a été le plus favorable. Quoique peu élevée encore aujourd'hui, la mortalité n'y est plus ce qu'elle fut pendant cette période décennale. Or, en 1833 et

_____

(1) C'est surtout au pénitencier de Gand et de Vilvorde, que Saint-Bernard doit être comparé. Le chiffre de la mortalité de la prison militaire d'Alost est affaibli parce que l'exercice du droit de grâce en fait sortir tous les ans un certain nombre d'hommes, en proie à la phthysie pulmonaire. Dans cette maison l'influence de l'emprisonnement est également augmentée par des défauts hygiéniques graves et elle s'y manifeste en multipliant les affections des poumons. L'âge des prisonniers qui en moyenne ne s'élève qu'à 25 ans explique pour quel motif le principe morbide se porte de préférence sur cet organe.

1834 a eu lieu un grand changement. Les détenus ont été classés d'après la nature de leur condamnation, et Gand a été affecté aux travaux forcés. A la suite de ce classement, 200 à 300 réclusionnaires ont été transférés de Gand à Vilvorde, en échange de presque autant de condamnés criminels, et c'est de cette époque que date l'augmentation de la mortalité dans la prison de Gand, coïncidant avec une amélioration considérable et subite dans l'état sanitaire de Vilvorde.

La conclusion de ce renseignement est évidente : toutes choses étant égales d'ailleurs, la mortalité augmente parmi les détenus avec le terme de la condamnation ; et comment en serait-il autrement ? Un régime sévère, et comme on l'appelle, un régime contre nature, qui mine lentement la constitution et la santé des malheureux qui y sont soumis, doit être d'autant plus redoutable qu'il est plus dur, et qu'il se prolonge davantage. Il est également plus difficile de s'y habituer.

A Gand, le travail est moins rétribué et, partant, les douceurs de la cantine sont plus rares que dans aucun autre établissement. Sur 1036 détenus, près de 600 sont en état de récidive et ont passé une partie de leur vie dans les prisons par le motif que « quelque crime toujours précède les grands crimes. » Et là aussi se trouvent les plus fortes condamnations. Si donc le régime pénitentiaire doit faire sentir quelque part sa funeste influence, c'est bien là où les privations sont les plus fortes et où les prisonniers condamnés pour la plupart à perpétuité, ont perdu à jamais l'espoir de s'y soustraire.

Cependant ce n'est pas à Gand que les maladies de langueur sont le plus abondantes ; nulle part nous ne les avons trouvées aussi fréquentes qu'à Saint-Bernard, et comme c'est la prison où les condamnations sont les moins longues et où le régime matériel est le moins rude, nous pouvons rigoureusement en conclure qu'il doit y avoir dans cet établissement des causes qui activent l'influence du régime, et nous n'hésiterons pas à le dire, ces causes existent dans les conditions hygiéniques déplorables du bâtiment.

Chacune des influences morbifiques que nous venons de considérer en particulier, puise dans le concours des autres une nouvelle énergie. Les miasmes paludeux empruntent au régime et à la corruption de l'air engendrée par l'encombrement un caractère de complication et de malignité qui rend leur action plus redoutable, et l'influence déprimante du régime pénitentiaire doit trouver à son tour des auxiliaires puissants dans l'élément marécageux et dans les défauts de l'établissement. Il suffit des moindres notions de médecine pour comprendre combien les progrès de toutes les diathèses doivent être rapides dans des conditions hygiéniques capables de les engendrer elles-mêmes, et dans l'absence d'une alimentation convenable pour lutter contre elles.

Un fait grave a été avancé à la tribune par un honorable membre de la Chambre des Représentants. Il a signalé divers détenus de Saint-Bernard qui ont commis à dessein des crimes pour être transférés à Vilvorde ou à Gand, et il en a conclu que le régime dans ces deux prisons était plus doux que dans la première, et que, contrairement au vœu de la loi, la punition était en raison inverse du mal commis.

Nous avouons que si cette conclusion était exacte, elle enlèverait à notre raisonnement une grande partie de sa force; mais nous ne craignons pas d'affirmer qu'elle est erronée. Les règlements sur les prisons graduent la sévérité du régime d'après la nature de la condamnation, et établissent par conséquent, dans le régime, une différence tranchée d'après les établissements. Or, les règlements étant observés à Gand et à Vilvorde avec une extrême rigueur, il est impossible que cette différence n'existe point aussi dans le fait et qu'elle ne soit entièrement en faveur de Saint-Bernard.

Grand nombre des détenus sont des esprits inquiets, turbulents, rétifs à l'ordre et à la censure, et n'ayant en vue que le bien-être matériel; la contrainte les gêne, les privations les irritent, et une fois qu'ils ont résolu de s'y soustraire, rien ne leur coûte, ils deviennent capables de tout braver. Les crimes commis à Saint-Bernard pour entrer dans d'autres maisons où ils espèrent pouvoir mieux atteindre leur but, ressemblent à ceux qu'ils commettent à Gand, parce que mieux vaut, disent-ils, une mort prompte que la torture lente de la prison de Gand.

Il y a néanmoins quelque chose de fondé dans le reproche de l'honorable représentant, c'est que pour les prisonniers qui n'arrivent à Saint-Bernard qu'après avoir passé par Vilvorde ou par Gand, la différence entre les régimes n'est peut-être pas assez marquée pour pouvoir compenser les avantages que les défauts hygiéniques de la prison de Saint-Bernard assurent aux deux autres. Mais si ces défauts sont tellement visibles et palpables qu'ils frappent les sens mêmes des détenus, c'est une raison pour les faire disparaître, et non pour aggraver encore la position des autres catégories de prisonniers.

Pour terminer la première partie de notre tâche, il nous reste à dire un mot sur la prison des correctionnels considérée sous le point de vue des théories pénitentiaires.

Depuis longtemps deux opinions sont en présence. Dans la première, l'on vante le travail en commun avec la séparation de nuit et le classement. La seconde ne croit point à la possibilité de la régénération morale sans la séparation complète, c'est-à-dire sans que les coupables ne soient séparés entre eux de jour comme de nuit.

La commission n'a point à rechercher laquelle mérite la préférence, mais ce qu'elle tient à constater, c'est que, dans l'état actuel de la science des prisons, il importe que tout pays et surtout celui qui le premier a ouvert la voie de la réforme, adopte au moins l'une ou l'autre des théories.

Le système de la promiscuité ou de la réunion complète ne peut être maintenu, parce qu'il ne punit pas, et parce qu'il est généralement reconnu qu'avec lui il est entièrement impossible d'empêcher que les prisons ne soient d'horribles écoles de vices et de crimes.

S'il est impossible de conserver la confusion des prisonniers, c'est surtout dans les maisons d'arrêt et dans les maisons de correction, parce que c'est à son entrée dans la carrière du mal qu'il faut arrêter le criminel, en l'intimidant par la sévérité de l'emprisonnement, ou en le corrigeant s'il est susceptible de s'amender.

Or à Saint-Bernard, qui est la prison des correctionnels, il y a absence de tout système, parce que, ayant été construite pour une autre destination, et n'étant arrivée à l'état de prison que par des appropriations successives, les lois morales pas plus que les lois de l'hygiène n'ont trouvé grâce devant l'inflexible nécessité de loger et d'enfermer le plus de monde possible.

La suppression du bagne d'Anvers et la réorganisation du travail dans nos maisons centrales, sont deux grandes améliorations dont nous sommes redevables au gouvernement hollandais; mais à côté de ces bienfaits ce gouvernement nous a légué des erreurs déplorables, nées des idées d'Arnim qui dominaient alors, et parmi ces erreurs l'une des plus grandes est sans contredit la prison de Saint-Bernard. Il est vraiment extraordinaire que dans un pays où l'on possédait deux monuments, dont l'un surtout avait fait l'admiration de tous les hommes spéciaux, l'on ne se soit pas donné la peine de les étudier, et qu'au lieu de chercher à les imiter ou à faire mieux, l'on soit tombé dans le funeste système de la réclusion collective (1).

(1) Après avoir été témoins des effets du système d'emprisonnement isolé, essayé dans quelques prisons, plusieurs écrivains français en reviennent au système de Gand et l'un d'eux dans une brochure qui vient de paraître, propose comme modèle à suivre la prison et le règlement de Vilain XIIII. (Bonnet, *Influence du système pénitentiaire pensylvanien sur le physique et le moral des condamnés.*)

Examen des arguments invoqués en faveur de la conservation de la prison de Saint-Bernard.

Les considérations auxquelles nous venons de nous livrer, nous faciliteront beaucoup l'examen du mémoire de M. le Gouverneur d'Anvers dont nous avons à nous occuper en ce moment.

Les preuves sur lesquelles ce haut fonctionnaire s'appuie pour écarter le reproche d'insalubrité sont de deux espèces. Les premières sont puisées dans l'état sanitaire du village d'Hemixem, où se trouve la prison, et des autres villages environnants, ainsi que dans l'histoire de l'établissement. Les secondes ont pour but de démontrer que la plus grande mortalité dans cette prison dépend de deux causes étrangères à sa position et à sa construction, savoir : de la nature des condamnés et de l'encombrement.

« Les moines, dit l'organe du conseil provincial d'Anvers, n'ont pas choisi légèrement l'emplacement d'une abbaye dans la commune d'Hemixem, et certainement ils n'y seraient pas restés si cette insalubrité eut été si grande. »

Non, sans doute, des hommes graves et réfléchis ne font rien à la légère, mais ce choix même est presque une condamnation de la localité. En effet, ne sait-on pas que les lieux que préféraient les Bernardins étaient en général des lieux bas.

Valles Bernardus, colles Benedictus amabat,
Oppida Franciscus, magnas Ignatius urbes.

Comment a-t-on pu perdre ainsi de vue la règle établie par Saint-Bernard? Ensuite, qu'on nous dise devant quels dangers reculent les moines quand la règle et la religion commandent. A l'époque où existait l'abbaye d'Hemixem, il y avait dans le Brabant une petite ville forte nommée Léau, située au milieu des marais. Le climat y était si malsain qu'on était obligé d'en renouveler la garnison au moins tous les ans. Eh bien, dans cette ville exista pendant des siècles un monastère que les religieux, comme ceux de Saint-Bernard, n'abandonnèrent que par la contrainte révolutionnaire. Qui de nous oserait en conclure contre l'insalubrité de Léau? Admirons le dévouement de ces zélés défricheurs auxquels nous sommes redevables, en partie, de la richesse de notre sol, et ne cherchons point à ternir leur œuvre en les accusant d'avoir été capables de reculer devant une considération d'insalubrité.

Il est vrai, il y eut une époque où les successeurs de Saint-Bernard, n'étant plus retenus par l'œuvre humanitaire qui avait guidé leurs devanciers, auraient pu abandonner les lieux d'abord choisis. Mais nous ne connaissons point les devoirs ni les intérêts qui les y ont retenus, ni quel fut l'état de leur santé. Ensuite, dans la supposition que cet état fut favorable, serait-il étonnant que des prisonniers mal vêtus, mal nourris, épuisés par la misère et le vice, ne résistassent point à un agent morbide, contre lequel luttaient avec avantage des hommes qui, pour la plupart, y étaient habitués depuis leur enfance et qui ne manquaient de rien? La même réflexion s'applique à l'existence des maisons de campagne situées sur les bords de l'Escaut.

« Sous l'empire, Saint-Bernard fut choisi pour servir d'hôpital; d'ha» biles médecins, se demande t-on, auraient-ils pu commettre la faute » d'établir un hôpital dans un lieu malsain, surtout après l'avoir soi» gneusement examiné? » Mais il faut dire dans quelles circonstances eut lieu cette création. Les troupes françaises se trouvaient en masse en aval de l'Escaut; frappées en foule par les fièvres des polders, il était de la plus haute importance d'avoir tout près du littoral un vaste bâtiment pour recueillir les victimes. L'abbaye de Saint-Bernard placée en amont, semblait faite exprès pour les recevoir, et on y transporta tous les malades que donnait la flotte depuis Flessingue jusqu'à Anvers. Ce transport était facile, et l'abbaye eut-elle été dix fois plus insalubre encore, on l'aurait employée.

« Les communes d'Hemixem, de Schelle, d'Hoboken, dit-on encore, » ne présentent point, d'après les recherches statistiques, un chiffre de » décès plus considérable que la moyenne relevée pour les autres parties » de la province. »

Nous avons compulsé, pour nous en convaincre, la statistique de la Belgique publiée par le Ministre de l'Intérieur, et nous y avons recueilli les renseignements suivants :

COMMUNES RURALES DE BELGIQUE.

ANNÉES.	POPULATION.	DÉCÈS.	DÉCÈS sur 100 de la population.
1841	3,094,297	68,886	
1842	3,122,560	74,458	
1843	3,148,503	69,837	
MOYENNES.	3,121,784	71,060	2,27

COMMUNES RURALES DE LA PROVINCE D'ANVERS.

ANNÉES.	POPULATION.	DECÈS.	DÉCÈS sur 100 de la population.
1841	242,159	4,967	
1842	244,347	5,616	
1843	246,191	5,188	
MOYENNES.	244,232	5,257	2,15

COMMUNES RURALES ENVIRONNANT HEMIXEM.

ANNÉES.	NIEL.		SCHELLE.		HOBOKEN.	
	POPULATION.	DÉCÈS.	POPULATION.	DÉCÈS.	POPULATION.	DÉCÈS.
1841	2,979	63	1,383	33	2,472	55
1842	3,049	71	1,392	23	2,471	64
1843	3,125	47	1,413	23	2,472	55
MOYENNES. .	3,031	60	1,396	28	2,471	57

Ces trois communes réunies donnent, pour moyenne de la mortalité de trois années, 145 décès sur une population de 6,918 habitants, ce qui revient à 2,09 pour 100.

Ainsi, la moyenne de la mortalité des communes rurales de la province d'Anvers est inférieure à celles des communes rurales de la Belgique réunies, et le fait avancé par le Gouverneur d'Anvers est exact, si toutefois, comme nous venons de le faire, l'on excepte des communes environnantes celle d'Hemixem elle-même.

Si, au contraire, puisant toujours aux mêmes sources, nous cherchons la mortalité d'Hemixem, nous trouvons :

Pour 1841, sur une population de 1,116 personnes, 30 décès.

»	1842,	»	»	1,112	»	57	»
»	1843,	»	»	1,087	»	77	»

Donc, en moyenne, 55 décès sur une population de 1,105 habitants ou 4,94 décès sur 100.

Nous ne pouvons croire à la réalité d'une mortalité aussi effrayante, nous préférons admettre l'existence d'une erreur et poser en principe que la mortalité d'Hemixem ne dépasse point la moyenne de celle des autres communes (1).

Mais par cela seul que le nombre exprime une moyenne, il indique s'il est des communes et des provinces plus malsaines que celle d'Anvers, il en est aussi d'autres beaucoup plus salubres. Au reste, qu'importe la mortalité des communes, et que peuvent tous les raisonnements et les calculs du monde contre ce fait si avéré et que la députation permanente d'Anvers a passé sous silence, qu'il y a constamment dans la prison des cas nombreux de fièvres intermittentes, que ces fièvres viennent compliquer toutes les maladies, qu'elles se développent dans tous les quartiers, chez tous les prisonniers, quelque soit leur âge ou leur tempérament, et qu'elles vont frapper même les malades et les convalescents dans l'infirmerie? Ces fièvres bénignes au dehors ne grossissent guère le chiffre des décès; dans la prison au contraire, sous l'influence des vices de l'incarcération, elles se compliquent, et dès lors elles peuvent devenir meurtrières.

« Condamner la situation de Saint-Bernard au bord d'un fleuve, » ce serait, s'écrie-t-on, la condamnation hygiénique du tiers du » pays. » Mais ce n'est pas la situation au bord d'un fleuve qu'on critique et condamne, c'est le voisinage des polders, c'est la proximité du terrain moderne d'alluvion. Les condamnés correctionnels venant de tous les points du pays, paient infailliblement leur tribut au climat, comme le faisaient naguère nos malheureux soldats avant que le gouvernement créât pour le littoral de l'Escaut des bataillons spéciaux composés d'hommes nés dans cette partie du pays.

La grande mortalité de la maison de Saint-Bernard a frappé tous ceux qui se sont occupés de prisons en Belgique. M. Ducpetiaux, après avoir démontré qu'elle est le double de ce qu'elle est dans les autres pénitenciers du pays, se demande «jusqu'à quel point la société se croit auto-

(1) L'existence d'une erreur nous paraît évidente, et cependant nous n'avons pu nous l'expliquer. Aurait-on ajouté aux décès de la commune ceux de la prison? Mais alors pourquoi ne pas comprendre aussi les prisonniers dans la population? On objectera qu'une colonne spéciale a été consacrée aux décès des personnes étrangères à la commune; mais le chiffre de cette colonne est inférieur à celui des décès dans la prison. Ensuite, en 1841, cette distinction entre les étrangers et les habitants du village n'a pas eu lieu, et le nombre des prisonniers décédés pendant cette année est plus grand que le nombre qui, dans le travail statistique, devrait exprimer les deux mortalités réunies.

» risée à percevoir une sorte de dîme sur l'existence des condamnés à
» l'emprisonnement, et si l'humanité et la justice ne commandent pas
» impérieusement l'emploi des moyens susceptibles de réduire dans les
» prisons la mortalité au taux général? La chose est possible, conti-
» nue-t-il, puisqu'un grand nombre de maisons de détention nous offrent
» même un rapport plus favorable (1). »

La commission d'Anvers ne nie point cette plus grande mortalité, mais
elle l'excuse, d'abord en la comparant à celle des prisons de la France,
et ensuite par les causes qui l'engendrent.

Ce rapprochement entre nos prisons et celles de la France n'est pas
heureux. C'est précisément parce que les prisons françaises laissent tant
à désirer sous le rapport de l'hygiène et de la morale, que le gouvernement français en a proposé la réforme et que déjà le projet a été sanc-
tionné par le vote de l'une des chambres législatives. L'on a pu différer
d'opinion sur le remède, mais certes il ne s'est trouvé personne pour
défendre les errements du passé.

Les vices de la maison de Saint-Bernard sont moins grands, nous
l'avouons, que ceux des prisons de France, mais ce qui est plus important
à constater, c'est qu'ils ont la même origine, savoir *la réclusion collec-
tives dans des vieux bâtiments appropriés*, et qu'on n'aura de
résultat favorable que pour autant que le remède sera dirigé contre la
source même du mal.

La nature des détenus et l'encombrement, aux yeux de la députation
permanentes, sont les seules causes du chiffre élevé des décès. Nous ne
sommes pas d'accord avec elle sur la manière dont la nature de la condamnation influe sur l'état sanitaire, mais il aurait peut-être erreur à
vouloir nier cette influence. Dans les maisons d'arrêt, le mouvement de
la population est bien plus considérable que dans une prison quelconque
pour peines, et pourtant l'on n'y compte qu'un décès sur 83 habitants;
et nous avons vu plus haut que l'influence pathogénique du système
pénitentiaire croît avec la durée de la condamnation. Si donc les détenus
condamnés à l'emprisonnement présentent plus de cas de maladies que
les autres, on ne peut l'attribuer qu'à la plus grande prédisposition qu'ils
apportent en entrant.

Nous avons comparé les régistres des entrants des prisons de Saint-
Bernard et de Gand, et nous sommes arrivés à un résultat qui pourrait
rendre cette cause probable.

Ce fait qui paraît extraordinaire au premier abord, acquiert pourtant
de la vraisemblance, quand on considère que dans une maison de force

(1) Ducpetiaux, *De la Réforme pénitentiaire*, tom. III, page 316.

on rencontre bien à la vérité un certain nombre de malheureux qui ont été conduits au vol par l'excès de la misère, mais que la majeure partie de la population est formée d'hommes à passions vives et dont plusieurs sont doués d'une constitution robuste. Dans une maison de correction, au contraire, la masse des habitants se compose de ces petits voleurs qui vor' chercher dans les prisons un refuge contre les horreurs de la misère ., qui n'y arrivent souvent que lorsque leur santé est ruinée déjà par la faim et les privations de toute nature.

Quant à l'encombrement, nous n'avons rien à ajouter à ce que nous avons dit plus haut, il est réel.

Des deux causes morbifiques invoquées par la députation permanente d'Anvers, l'une est donc bien avérée, et nous admettrons volontiers l'existence de l'autre. Mais ce que nous n'admettrons jamais, c'est que l'excès de mortalité qui s'observe à Saint-Bernard, doive leur être attribué exclusivement. Quelque soit notre désir de conserver certains avantages à ceux qui les possèdent, jamais nous ne nous laisserons aveugler au point de ne pas voir l'évidence; et quand nous examinons avec quelle rapidité à Saint-Bernard les prédispositions apportées par les détenus se traduisent en accidents mortels, nous ne pouvons nous défendre d'affirmer positivement que les miasmes paludeux, les défauts du bâtiment considéré comme prison, et les gaz des briqueteries prennent, à côté de l'encombrement et du régime pénitentiaire, une large part dans le développement et la gravité des maladies (1).

La nature de la condamnation, dit-on, est une cause de la mortalité. Mais a-t-on bien réfléchi aux conséquences de cet argument? En admettant avec la députation cette influence, ne sommes-nous pas en droit de lui demander si l'on n'est pas coupable d'avoir choisi un endroit si malsain pour y emprisonner des malheureux chez lesquels la plus légère circonstance doit développer des maladies, et si l'on ne serait pas également coupable de les y maintenir? Quoi! la constitution des condamnés correctionnels est abîmée, et on les jette sur les bords de l'Escaut en proie aux miasmes! Ils sont dans l'âge où se développent les scrofules, et on les relègue dans un bâtiment humide, au milieu d'un air corrompu par le défaut d'aérage et d'espace et par l'encombrement, et qui détériorerait les constitutions les plus vigoureuses! Quoi! enfin, l'on prétend qu'ils sont dans un âge où on se livre habituellement à un vice infâme et on les maintient dans une maison où les conversations obscènes

(1) A Saint-Bernard, la moyenne du séjour en prison des détenus décédés est de deux ans environ; à Gand, elle est de 10 ans. Dans ce calcul, qui est établi pour Gand sur six années d'observation, l'on n'a pas égard aux détentions antérieures.

4

d'hommes débauchés, où le contact forcé de tous les instants du jour, dans les ateliers et dans les préaux, de la nuit, dans les dortoirs communs, excite à outrance les désirs de la chair! Comment, on avoue qu'ils sont disposés à tous ces maux, et l'on ne s'aperçoit point qu'il y a là un motif pressant pour ne les enfermer que dans une localité qui offre toutes les conditions désirables de salubrité, et toutes les garanties possibles de moralité(1)!

Au tort immense qui résulte pour la morale de la promiscuité complète des détenus, la députation d'Anvers oppose la possibilité de transformer la maison de Saint-Bernard en cellulaire, et la considération qu'elle exigerait à cette fin moins de dépense qu'aucune autre prison du pays.

Transformer en cellulaires les prisons du pays! Que le ciel nous préserve d'un tel présage! Ce serait une véritable calamité; Les maisons de détention de Gand et de Vilvorde ont été construites d'après un

(1) A en juger par ce qui se passe dans la prison de Namur, où les deux catégories de prisonnières sont retenues dans la même maison, cette plus grande prédisposition des condamnés correctionnels aux maladies serait loin d'être démontrée; le contraire serait même infiniment plus probable. Les tableaux ci-dessous prouvent que le rapport des décès à la population, est beaucoup plus grand pour les criminelles que pour les femmes condamnées à l'emprisonnement. En nous rangeant donc, sur ce point, de l'avis de la commission d'Anvers, nous lui faisons une concession bien large.

Femmes correctionnelles.

ANNÉES.	POPULATION.	MALADIES.	DÉCÈS.	OBSERVATIONS.
1840	506	164	2	L'année 1840 ne comprend que les cinq derniers mois.
1841	497	525	14	
1842	482	282	10	
1843	529	275	6	
	1,814	1,046	52	
MOYENNES.	453	261	8	1,76 sur 100.

système, et elles doivent conserver jusqu'à la fin leur caractère pri-
mitif. Avant que l'expérience ait définitivement prononcé sur la valeur
de l'emprisonnement séparé, elles rendront encore d'immenses services.
Quant à la maison de Saint-Bernard, si l'on est convaincu que le voisinage des polders et l'absence de bonne eau ne sont pas des obstacles à
l'existence d'une prison à Hemixem, qu'on la change en cellulaires, nous
y consentons, mais à la condition expresse qu'on rase les bâtiments existants et que l'on reconstruise à neuf.

Pour peu que l'on ait médité sur les besoins d'un cellulaire et sur ses
incontestables exigences, ou qu'on ait été à même de voir de près
un cellulaire construit d'après les bases pénitentiaires généralement
reçues aujourd'hui, l'on doit avoir la conviction intime que pour opérer la métamorphose indiquée par la commission, il ne suffirait pas
d'approprier, mais qu'il faudrait démolir ce qui existe; agir autrement,
ce serait porter le coup le plus funeste à l'adoption d'un système sur lequel
se fondent tant et peut-être de si légitimes espérances.

La conversion de Saint-Bernard en pénitencier selon le système d'Auburn, ne serait pas plus heureuse; en outre, elle exigerait une dépense
qui a été évaluée par les ingénieurs à la somme énorme de un million
cinq cent mille francs.

Le changement d'une abbaye en hôpital, puis la transformation de
celui-ci en prison, n'ont certainement pu se faire sans frais considé-

Femmes criminelles.

ANNÉES.	POPULATION.	MALADIES.	DÉCÈS.	OBSERVATIONS.
1840	136	55	1	L'année 1840 ne com-
1841	142	94	5	prend que les cinq der-
1842	151	145	7	niers mois.
1843	193	144	5	
	633	438	18	
MOYENNES.	155	109	4,5	2,8 sur 100.

rables pour l'État, et un bâtiment qui a traversé six siècles n'a pu se tenir debout qu'au moyen de travaux annuels très-coûteux. Si l'on considère après cela, que tant et de si grands sacrifices n'ont abouti qu'à produire un établissement dont on rougit devant les savants et l'étranger, dont l'insalubrité coûte tous les ans la vie à trente détenus au-dessus du taux moyen de la mortalité, et qui, d'après les calculs de M. l'Ingénieur en chef Teichman, exigeait déjà, il y a plusieurs années, une dépense de 150,000 francs *pour réparations indispensables*, ne doit-on pas regretter amèrement l'argent employé à un pareil usage, et s'étonner de ce que, après tant de malheureux exemples de ce genre, l'on retombe encore tous les jours dans le déplorable système d'appropriation ou de replâtrage? Quand un bâtiment a fait son temps, plutôt que de chercher à le disposer pour des besoins nouveaux, l'économie nous fait un devoir de l'abattre; agir autrement, c'est s'exposer à des dépenses continuelles sans espoir de pouvoir jamais atteindre le but.

Il importe que l'on conçoive pour les prisons un plan général, qu'on le mûrisse par l'étude et l'expérience, puis que l'on choisisse des emplacements étendus; car il faut pour les prisons, comme pour les hôpitaux, non des ornements et des colonnes, mais de l'air et de l'espace. Ainsi, l'on mettra dans les constructions de l'unité et de l'ensemble; et si les ressources financières ne permettent point d'achever immédiatement un travail conçu sur un plan un peu vaste, rien n'empêche de le commencer, sauf à en abandonner une partie pour des temps plus heureux.

Résumé et conclusions.

Nous sommes parvenus au terme de notre tâche. Nous croyons avoir démontré :

1° Que la mortalité dans la prison de Saint-Bernard s'élève au-delà du double de ce qu'elle est dans les autres maisons de détention du pays;

2° Que cet excès de mortalité provient de l'insalubrité de l'établissement;

3° Que cette insalubrité prend sa source dans la position topographique de la prison, dans les défauts hygiéniques que présentent la plupart des locaux et dans l'encombrement;

4° Que ni les tables de mortalité d'Hemixem et des villages environnants, ni aucune circonstance de l'histoire de la maison de Saint-Bernard ne peuvent être invoquées pour prouver que la position n'est pas insalubre;

5° Que s'il est vrai que les condamnés à l'emprisonnement correctionnel sont plus disposés aux maladies que les autres détenus, cette plus grande prédisposition, jointe à l'encombrement, ne suffit point pour rendre compte du chiffre élevé des malades et des décès.

Les principes généraux d'hygiène qui ont une valeur quasi mathématique, ainsi que la nature des maladies régnantes et la rapidité avec laquelle les prédispositions se changent en maladies mortelles, ne permettent pas de douter de l'influence exercée par la corruption de l'air, tant à l'extérieur qu'à l'intérieur du bâtiment;

6° Que cette plus grande prédisposition aux maladies exige plus impérieusement pour les maisons de correction que pour les autres l'observation exacte de toutes les règles de l'hygiène;

7° Qu'il y a impossibilité dans la maison de Saint-Bernard d'agir sur les détenus par voie d'intimidation ou de moralisation. La promiscuité continuelle et absolue des prisonniers doit y répandre d'une manière déplorable l'enseignement du crime et produire les plus funestes résultats sur les récidives;

Et 8° Que la transformation de la prison de Saint-Bernard en cellulaire ne peut avoir lieu sans une opération impossible; savoir, la démolition de ce qui existe; et dans l'hypothèse où l'on put reconstruire à neuf, l'on trouverait dans le nouveau pénitencier tous les inconvénients de la position topographique de l'ancien, c'est-à-dire l'existence des miasmes paludeux, le gaz des briqueteries, l'humidité et la corruption de l'eau.

La conséquence de ces considérations est évidente. La question pénitentiaire implique les intérêts d'individus et ceux de la société entière. La question d'humanité nous oblige à faire en sorte que les prisons aient le moins possible d'effets fâcheux sur la santé. La question d'intérêt général oblige de garantir par une sage et sévère application des peines, le but social qu'on se propose (1). Or, Saint-Bernard ne répondant ni à l'une ni à l'autre destination, et aucun travail d'appropriation ne pouvant rendre cette prison propre à atteindre ce double but, il en résulte que la construction d'un pénitencier nouveau pour les condamnés à l'emprisonnement correctionnel est indispensable (2).

Quelle que soit la différence qui, au premier aspect, existe entre notre conclusion et celle de la députation permanente d'Anvers, il n'est point difficile de faire voir qu'au fond toutes deux conduisent au même résultat.

(1) Bonnet. *Influence du système pénitencier pensylvanien sur le physique et le moral des condamnés.* 1843.
(2) depuis notre première visite, il a été indiqué des moyens pour ventiler quelques dortoirs; ces moyens ont été mis à exécution, et par là ces dortoirs ont été assainis; mais ce n'est là qu'un palliatif employé contre un mal qui exige un remède radical.

D'après cette députation et d'après M. le baron Diert, la cause de l'insalubrité de Saint-Bernard réside dans l'encombrement. Tarissez, disent-ils, cette source féconde de maladies, et tout rentrera dans l'ordre et dans les limites normales.

Notre opinion est, qu'avec la disparition de l'encombrement, *l'on verra se dissiper, en effet, l'une des causes les plus puissantes de maladies et surtout de décès*; mais après elle plusieurs autres causes continueront d'exister. Cependant, passons sur cette dissidence, et examinons à quel résultat nous conduisent les vues de la députation.

Pour diminuer d'une manière efficace la population de Saint-Bernard, il importe de la réduire à peu près à la moitié de ce qu'elle est aujourd'hui. Il faut donc trouver place pour au-delà de 500 détenus. Or, le placement de ces détenus dans une autre prison, ne fussent-ils que cent, est impossible. Après quinze ans d'efforts pour améliorer l'emprisonnement en Belgique, ce serait revenir au point du départ, c'est-à-dire, à l'horrible pêle-mêle des détenus de toutes les catégories dans un même établissement. Ensuite, chaque prison est pleine; augmenter sa population ce serait reporter sur elle tous les inconvénients de l'encombrement.

Le trop plein de Saint-Bernard ne pouvant être reçu nulle part, la construction d'un nouveau pénitencier devient donc nécessaire, même dans l'hypothèse de la députation permanente.

Nous n'avons point à rechercher un emplacement convenable pour la formation d'un pénitencier nouveau; c'est un soin qui incombe au gouvernement et aux chambres, mais nous sommes persuadés qu'il existe dans la province d'Anvers plus d'une localité qui réunit toutes les conditions requises.

L'agrandissement de la maison de Saint-Bernard par des constructions nouvelles à ajouter à celles qui existent maintenant, serait, sous le point de vue de l'économie et de l'intérêt des détenus et de la société entière, une faute si grande, que l'idée ne saurait en venir à personne, et par conséquent, nous n'avons pas à nous en occuper.

Ainsi, soit que l'on considère l'encombrement comme cause unique, soit qu'on l'admette simultanément avec plusieurs autres, quelque soit par conséquent le sort que l'on destine à Saint-Bernard, la création d'un nouveau pénitencier est inévitable. Aux yeux de la commission d'Anvers, comme aux nôtres, comme à ceux de toute personne impartiale, la position des condamnés correctionnels réclame un changement prompt. C'est, comme on l'a dit, une question de vie ou de mort dont la solution ne souffre point de délai.

Le rapporteur :
J. MARESKA.

Signé, VLEMINCKX, GOUZÉE, CAMBRELIN, STACQUEZ.

IV.

EXTRAIT DU PROCÈS-VERBAL

De la séance du conseil provincial d'Anvers en date du 4 juillet 1843.

L'ordre du jour appelle le développement de la proposition de M. le baron Diert relative à la prison de Saint-Bernard.

M. le baron Diert s'exprime en ces termes :

MESSIEURS.

« L'avis défavorable émis par une commission d'enquête, instituée par
» le Gouvernement, depuis votre dernière session, dans le but d'éclaircir
» l'importante question d'insalubrité de la prison de Saint-Bernard, m'en-
» gage à renouveler aujourd'hui la proposition que j'eus l'honneur de
» vous faire l'année dernière, afin d'obtenir la conservation de cet éta-
» blissement.

» Cet avis défavorable de la commission d'enquête, je ne puis pas vous
» le dissimuler, est le présage du déplacement prochain de cette prison
» et de sa translation dans une autre localité.

» Si je suis bien informé, cette commission se serait prononcée contre
» la conservation de cette prison, pour cause d'insalubrité qu'elle attri-
» bue à sa situation topographique, et les principaux griefs qu'elle lui
» reprocherait, seraient :

» 1° Le voisinage de l'Escaut;

» 2° Le voisinage des fours à briques;

» 3° La mauvaise qualité de l'eau servant à la préparation des aliments
» des détenus;

» 4° Le placement du cimetière dans l'enceinte des murs de l'établis-
» sement;

» 5° L'encombrement des locaux.

» Ma tache se bornera à examiner chacune de ces causes, et à réfuter
» plusieurs allégations et suppositions erronées de cette commission.

» PREMIER POINT. — Voisinage de l'Escaut.

» La prison de Saint-Bernard, construite sur un promontoire de trois

» mètres environ au-dessus du niveau du fleuve, en est éloignée de
» 247 mètres ; ces bâtiments dominent en quelque sorte la rivière.

» En 1246, les moines de Saint-Bernard, de l'ordre de Citeaux, aban-
» donnèrent, pour cause d'insalubrité, les marais de Vremde pour venir
» fonder dans la commune d'Hemixem, sur l'Escaut, une des plus vastes
» et des plus opulentes abbayes de la Belgique.

» Ces moines y conservèrent leur établissement jusqu'à l'époque de la
» suppression des abbayes décrétée par les lois de la république française.
» (18 nivôse an V.)

» Pendant cette longue période de cinq siècles et demi, deux fois les
» bâtiments de cette belle abbaye furent détruits : la première fois à la fin
» du xvie siècle, pendant nos dissensions religieuses, et une seconde fois
» par un incendie qui les consuma en septembre 1672. (Voyez Jonge-
» linus, historiographe de l'ordre de Citeaux, notice des abbayes de la
» Germanie inférieure.)

» Si cette localité était aussi malsaine que le prétend la commission
» d'enquête, si les moines y avaient respiré un air impur et délétère,
« croyez vous, Messieurs, qu'ils auraient quitté leurs marais malsains de
» Vremde pour venir s'établir dans un endroit qui offrait les mêmes in-
» convénients, et qu'ils y auraient conservé leur habitation pendant un
» aussi long espace de temps? Croyez-vous qu'aux deux époques que ces
» bâtiments furent détruits, ils les y auraient reconstruits à grands frais,
» et qu'après l'incendie de 1672, ils y auraient fait bâtir cette superbe
» église qui faisait l'admiration des contrées voisines, et qui existait en-
» core lors de la suppression des abbayes Non, Messieurs, si l'air y avait
» été malsain, si le voisinage de l'Escaut avait rendu ce séjour insalubre,
» soyez en bien convaincus, après ces deux catastrophes les moines au-
» raient construit leur abbaye dans une partie plus élevée de la com-
» mune, dont ils possédaient à peu-près la moitié du sol, ou bien ils
» auraient transporté leurs pénates dans une autre contrée.

» Voilà, je crois, Messieurs, la preuve la plus convaincante que Saint-
» Bernard n'est pas insalubre: ce fait en dit bien plus et réfute à lui seul
» toutes les allégations et les suppositions erronées de la commission
» d'enquête, à moins qu'elle ne soutienne que ce lieu, où les moines avaient
» joui d'une santé parfaite pendant plus de cinq siècles, ne convient pas à
» celle des détenus.

» Plus tard un décret impérial du 3 mars 1809, ordonna l'acquisition
» des bâtiments de Saint-Bernard, qui étaient devenus une propriété
» particulière, pour y transférer l'hôpital de la marine qui se trouvait à
» cette époque dans l'ancien couvent des Minimes à Anvers.

» Pour approprier ces bâtiments à leur nouvelle destination, le Gou-

»"vernement français y fît pour plus d'un million de francs de dépenses
» de reconstructions; en 1810, l'hôpital de la marine y fut établi, et ne
» fut évacué que le 28 et le 29 janvier 1814, époque à laquelle les armées
» françaises abandonnèrent le sol de la Belgique.

» J'insiste, Messieurs, principalement sur ce fait, parce que récem-
» ment un des membres de cette commission a donné l'assurance à M. le
» Ministre de la Justice que l'hôpital de la marine y avait dû être sup-
» primé en 1811, *pour cause d'insalubrité.*

» Pour vous prouver que cette allégation est tout-à-fait inexacte, il me
» suffira de vous exhiber l'état civil de cet hôpital de l'année 1813, pen-
» dant laquelle 300 décès y eurent lieu, de l'année 1814, qui renferme
» 47 actes de décès qui ont eu lieu dans cet établissement pendant le
» mois de janvier de cette année; ce fait prouve, je le crois, à l'évidence
» que l'hôpital maritime, dans lequel 1,500 marins furent constamment
» soignés, ne dut pas être évacué en 1811, pour cause d'insalubrité.

» Ce qui d'ailleurs prouve que l'emplacement de Saint-Bernard n'a
» jamais été considéré comme insalubre, c'est qu'en 1816, deux années
» après l'évacuation de l'hôpital maritime français, le maire d'Anvers, et
» le Gouverneur de la province proposèrent au Gouvernement d'établir à
» Saint-Bernard, ou un hôpital général pour les troupes de terre et de
« mer, ou un dépôt central pour les enfants trouvés, ou une école mi-
» litaire, ou bien une succursale d'invalides.

» Si cette localité avait été insalubre, des administrateurs aussi éclairés
» n'auraient jamais soumis au Roi de pareilles propositions, et le Gouver-
» nement des Pays-Bas n'aurait pas, par arrêté du 17 juillet 1821, n° 21,
» converti l'abbaye de Saint-Bernard en maison de correction et de tra-
» vail, et il n'y aurait pas dépensé des sommes immenses pour approprier
» ces bâtiments à leur nouvelle destination.

« Les maisons de campagne, bâties le long de l'Escaut depuis Anvers
» jusqu'au confluent du Rupel, les villages de Hoboken, Schelle, Niel,
» Hingene, Bornhem, Rupelmonde et Tamise, situés sur les deux rives
» du fleuve, dont les habitants jouissent d'une santé parfaite et atteignent
» un âge très avancé, viennent donner le démenti le plus formel à l'allé-
» gation que les bords de l'Escaut sont insalubres.

« La comparaison du nombre des décès qui, pendant la dernière période
» décennale, ont eu lieu dans les communes littorales de l'Escaut avec ce-
» lui d'autres communes de la province, fournira la preuve la plus con-
» vaincante que le voisinage de ce fleuve n'est pas malsain.

« Les communes d'Hoboken, de Schelle et de Niel présentent, pendant
» les dix dernières années, un nombre de décès égal à 2 1/2 par cent ha-
» bitants; la commune d'Hemixem, dont un hameau très populeux est

» situé sur la rive de l'Escaut et renferme la prison de Saint-Bernard,
» n'en offre que 2 sur 100, chiffre égal à celui des communes de Deurne
» et de Contich, réputées parmi les plus saines de la province.

« Depuis quelques années le nombre des décès de la prison a été de 3 °/°.

« Dans celle de Vilvorde, il est vrai, la mortalité n'a pas tout-à-fait
» atteint 2 °/°.

« Mais le chiffre de la mortalité de Saint-Bernard n'est certes pas cor-
» bitant, quand on considère que les vieillards y forment le sixième de la
» population et que la santé d'un grand nombre des détenus, en entrant
» dans l'établissement, se trouve déjà affaiblie par les excès auxquels se
» sont livrés ; tandis que les prisons de Vilvorde et de Gand renferment
» des hommes d'une constitution beaucoup plus robuste, d'un âge moins
» avancé, et déjà habitués au régime des prisons, et que, dans les mai-
» sons centrales de France, la mortalité a été, depuis trois ans, de 8 sur
» 100 détenus.

« DEUXIÈME POINT. — Voisinage des fours à briques.

« Jusqu'à présent, Messieurs, l'importante question de savoir si réellement le voisinage des fours à briques est nuisible à la santé des habi-
» tants n'a pas reçu une solution définitive; des opinions tout-à-fait di-
» vergentes ont été émises à cet égard; quoiqu'il en soit la Commission
» médicale provinciale a été d'avis que la fumée et les émanations sulfu-
» reuses des fours à briques, placées à une distance de cent mètres du mur
» extérieur de la prison, ne pouvaient pas être nuisibles à la santé des
» détenus.

« Mais, à mon avis, la preuve la plus convaincante que le voisinage des
» briqueteries, qui toutes sont situées à plus de cent mètres du mur d'en-
» ceinte de la prison ne peut être nuisible à la santé des détenus, c'est
» que nulle part les habitants ne jouissent d'une meilleure santé et n'at-
» teignent un âge aussi avancé que dans les communes de Boom, Niel,
» Rupelmonde et Cruybeek, quoiqu'ils y soient constamment exposés à
» la fumée et aux odeurs sulfureuses des nombreux fours à briques, qui
» couvrent la plus grande partie du sol de ces communes.

« Il est d'ailleurs à remarquer que ce n'est que par un vent de Nord-
» ouest que l'odeur et la fumée des briqueteries se font sentir dans la
» prison, vent qui, comme tout le monde sait, règne rarement dans nos
» climats pendant les mois d'été, seule saison convenable à la cuisson des
» briques.

« TROISIÈME POINT. — Mauvaise qualité de l'eau servant à préparer les
» aliments des détenus.

« Déjà en 1830, le Gouvernement fit analyser l'eau de la prison et
» chargea le chirurgien-major Gouzée de cet examen ; il résulte du rap-

» port de cet officier de santé que l'eau de l'intérieur est plus saine même
» que celles des pompes de l'extérieur, que les corpuscules étrangers, qui
» la rendent trouble, ne sont pas des substances nuisibles à la santé, et
» qu'on peut s'en servir, telle qu'elle est, pour la préparation des ali-
» ments; mais il conseille de la filtrer pour la boisson des détenus.

« Je ne puis, Messieurs, q me référer à cet avis qui doit être d'un
» grand poids, puisque le médecin principal Gouzée a fait partie de la
» commission qui s'est réunie le 6 décembre dernier à Saint-Bernard,
» pour juger de l'insalubrité de cette prison.

« Si, malgré cet avis, le Gouvernement conservait encore quelque doute
» à cet égard, l'on pourrait à peu de frais construire dans l'établissement
» un réservoir, dans lequel on recueillerait l'eau qui découle des hauteurs
» voisines, et qui est sans contredit d'une très bonne qualité.

« QUATRIÈME POINT. — Placement du cimetière dans l'enceinte des
» murs.

« Je dois avouer, Messieurs, que les exhalaisons que produit un tel lieu,
» si rapproché de l'asile des détenus, doivent être nuisibles à leur santé,
» surtout, pendant la saison d'été; aussi à plusieurs reprises le Gouver-
» nement a-t-il manifesté l'intention de déplacer ce cimetière. L'on
» pourrait remédier à cet inconvénient soit en rétablissant le cimetière
» de l'hôpital de la marine, qui était situé au nord de l'établissement
» et à une distance de cinq à six cents mètres en dehors des murs d'en-
» ceinte, soit en inhumant les prisonniers dans le cimetière communal,
» qui pourrait être agrandi à cet effet.

« CINQUIÈME POINT. — Encombrement des locaux.

« Je crois, Messieurs, comme j'ai eu l'honneur de vous le dire l'année
» dernière, que l'encombrement des locaux est l'unique grief, que l'on
» puisse raisonnablement imputer à la prison de Saint-Bernard, et la
» cause des maladies qui y règnent.

« Mais si, depuis l'année dernière, cet encombrement n'a pas totale-
» ment disparu, du moins a-t-il été notablement atténué par la transla-
» tion à Vilvorde des détenus qui avaient antérieurement encouru une
» condamnation criminelle, et au pénitencier de Saint-Hubert des détenus
» qui n'avaient pas atteint leur seizième année.

« Le résultat de la diminution de la population n'a pas tardé à se faire
» ressentir; la mortalité qui avait été de 47, pendant l'année 1843, a été
» réduite au chiffre de 33, pendant l'année 1844.

« Cette diminution est bien plus sensible et sa cau se probable bien plus
» saillante quand on divise le chiffre des décès par semestre; ainsi le
» 1er semestre de 1844, à la fin duquel le désencombrement a eu lieu, pré-
» sente 21 décès, le second semestre seulement 12, et je suis convaincu

» que les mesures d'assainissement récemment autorisées par le Gouver-
» nement, contribueront à augmenter ce consolant résultat.

« Si le trop plein de la population de Saint-Bernard ne peut pas être
» réparti dans les autres prisons de l'État, si les locaux actuels sont insuf-
» fisants, le vaste emplacement qui se trouve dans l'enceinte des murs
« permet d'ajouter des constructions nouvelles à celles déjà existantes;
« cette vaste enceinte permettrait même d'approprier cette prison à
» moins de frais que partout ailleurs au régime cellulaire s'il était intro-
» duit dans ce pays; la dépense se bornerait à l'établissement des cellules
» autour du bâtiment principal qui servirait pour tous les services géné-
» raux, les autres locaux accessoires qui entrent, pour une forte dépense
» dans la construction d'une prison, existant déjà à Saint-Bernard.

« Quoiqu'on en dise, Messieurs, j'ai pour moi la conviction la plus in-
» time que peu de prisons sont aussi convenablement situées que celle de
» Saint-Bernard; cette prison présente tous les aménagements désirables,
» toutes les conditions requises; les bâtiments sont spacieux et peuvent
» subir diverses appropriations. Éloignés d'un centre de population, les
» détenus ne peuvent avoir aucune communication avec les habitants,
» ils ignorent même ce qui se passe au dehors; pendant les heures de repos
» ils sont réunis dans de vastes préaux, parfaitement aérés, qu'assainit
» encore le cours du fleuve voisin; en un mot, Saint-Bernard offre des
» avantages qu'on ne pourrait rencontrer dans aucune ville du royaume.

» Je crois, Messieurs, avoir réfuté les arguments que depuis quelque
» temps l'on se plaît à faire valoir pour établir l'insalubrité de la prison
» de Saint-Bernard, et obtenir ainsi sa translation dans une autre pro-
» vince.

» Si cet établissement est une source de prospérité pour ces contrées,
» s'il répand quelques bienfaits dans les communes voisines par les dépen-
» ses qu'y font les employés et les militaires de la garnison, ces avan-
» tages se font également ressentir à Anvers, puisque c'est dans cette
» cité que se font les approvisionnements et les fournitures de tout genre,
» tant pour l'entretien et les travaux des détenus, que pour les répara-
» tions des bâtiments et les constructions nouvelles que l'État fait exécu-
» ter dans cette prison; sa conservation est d'un haut intérêt pour la
» province.

» Réunissons donc tous nos efforts pour conserver ce précieux apanage
» que le Gouvernement nous octroya en 1821 et dont la province a con-
» stamment joui depuis cette époque.

» Si, comme je l'espère, nos efforts sont couronnés de succès, si les
» démarches, que nous allons entreprendre, ont un heureux résultat,
» vous aurez rendu un bienfait signalé à la province, elle vous en vouera

» une éternelle reconnaissance; si au contraire nous succombons, si,
» malgré nos plus vives instances, la prison de Saint-Bernard nous est
» enlevée, nous aurons du moins cette consolante satisfaction de n'avoir
» négligé aucun moyen pour tâcher de conserver cet important établisse-
» ment à la province. »

La proposition est appuyée par plusieurs membres.

M. le Gouverneur ne s'oppose pas à la prise en considération; mais il
croit que les travaux d'assainissement que le Gouvernement fait exécuter
à Saint-Bernard, doivent dissiper toutes les craintes sur la conservation
de Saint-Bernard. Ils prouvent que le Gouvernement a renoncé à l'idée
de supprimer cette prison. M. Diert a combattu les arguments d'un rapport qui n'existe pas encore, car l'enquête n'est pas terminée; et si elle
continue, il ne faut pas s'en alarmer, elle s'explique par ce fait seul que
déjà, avec le système pénitentiaire actuel, il y a encombrement à Saint-
Bernard, et qu'il est question d'introduire le système cellulaire qui
exigera encore un plus grand développement de locaux. La cause d'insalubrité qu'on reproche à Saint-Bernard provenant de l'encombrement,
n'est-il pas raisonnable de croire que l'enquête a principalement pour
but de rechercher les moyens d'améliorer cette prison? L'assertion que
l'hôpital militaire à Saint-Bernard aurait été supprimé sous l'empire,
pour cause d'insalubrité, a été réfutée au moyen de documents trouvés
dans les archives de la province, et qui ont été envoyés à M. le Ministre
de la Justice. La députation ayant déjà fait les démarches, et les travaux
qu'on exécute démontrant qu'elles ont eu du succès, faut-il insister
encore! M. le Gouverneur ne le pense pas, et son avis est que le Conseil
peut se reposer avec confiance sur la députation du soin de veiller à la
conservation de Saint-Bernard. Rien ne presse d'ailleurs, on peut attendre sans inconvénient le résultat de l'enquête.

Celle-ci est essentiellement contradictoire. L'opinion de la Commission
ne peut être suivie d'une décision immédiate. L'administration provinciale et la Commission des prisons seront informées à temps; et au surplus
les avis sur la salubrité de Saint-Bernard ne peuvent prévaloir contre les
faits qui sont favorables à cette prison.

MM. les barons Diert et Van Havre ne partagent pas les prévisions ras-
surantes de M. le Gouverneur. Le premier fonde ses craintes sur ce que la
Commission d'enquête, à l'unanimité, a déclaré Saint-Bernard insalubre;
le second ajoute que la suppression de cette prison est vivement désirée
par des personnes très-influentes à Bruxelles. Ce désir aurait pris sa
source dans les divergences d'opinion qui se sont fréquemment manifes-
tées entre l'administration supérieure et la commission administrative
de Saint-Bernard.

Toutefois M. le baron Diert par suite des observations de M. le Gouverneur, consent à modifier sa proposition dans ce sens que la députation
serait chargée de communiquer à M. le Ministre les développements de sa
proposition et la discussion qui vient d'avoir lieu, et de faire ultérieurement et en temps opportun toutes les démarches qu'elle jugera nécessaires pour assurer la conservation de la maison de Saint-Bernard.

La proposition, ainsi modifiée est adoptée.

Le Conseil ordonne en outre l'insertion textuelle au procès-verbal des
développements de la proposition.

V.

ADDITION AU RAPPORT

Sur l'état sanitaire de la maison de correction de Saint-Bernard.

Notre rapport était rédigé, il avait été lu devant la Commission, et n'attendait plus que la signature des membres, lorsque M. le Ministre nous communiqua officiellement le discours de M. le baron Diert, qui jusqu'alors ne nous était connu que par le compte rendu de quelques journaux.

Guidés par le seul intérêt de la vérité, et préférant sincèrement avoir à louer qu'à blâmer, nous le parcourûmes avec avidité, prêts à sacrifier notre opinion si on nous opposait des raisons vraies et plausibles. Mais, sous le prétexte de réfuter les conclusions de notre travail, l'honorable membre du conseil provincial d'Anvers n'a fait que reproduire la plupart des arguments de la députation permanente, et comme déjà nous les avons longuement discutés, nous n'examinerons plus que les deux ou trois points nouveaux qu'il a traités.

« Un membre de la Commission, dit M. Diert, a donné l'assurance à » M. le Ministre de la Justice que l'hôpital de marine avait dû être sup- » primé à Saint-Bernard en 1811 pour cause d'insalubrité, tandis qu'il » est prouvé qu'il ne fut évacué qu'en 1814, à l'époque où les armées » françaises abandonnèrent le sol de la Belgique. »

Il est effectivement vrai que la Commission, ayant appris cette suppres- sion, a demandé que des informations fussent prises pour constater la vérité du fait. Mais, comme celui-ci n'était pas démontré, et que nous ne voulons nous appuyer que sur des données certaines, nous n'avons pas cru devoir en déduire la moindre conséquence. Cependant nous ne pouvons nous empêcher de reconnaître que, si l'évacuation des malades n'eut pas lieu, il exista peut-être des motifs pour l'effectuer. M. Diert nous apprend qu'il y eut, en une année, sur une population de 1500 hommes, 300 morts! Une mortalité aussi effrayante était bien capable de provoquer une mesure extrême, et elle se sera confondue dans le souvenir de quelques personnes avec la suppression de l'établissement.

« Le chiffre de la mortalité de Saint-Bernard n'est pas exorbitant, dit
» M. Diert, quand on considère que les vieillards y forment la sixième
» partie de la population, tandis que les prisons de Gand et de Vilvorde
» renferment des hommes d'un âge moins avancé. »

La députation permanente avait fait valoir déjà toutes les autres considérations sur lesquelles M. Diert se fonde, pour expliquer l'excès de mortalité qui s'observe dans la prison des correctionnels; mais elle s'était
abstenue de produire celle-ci, et nous lui en savons gré, car elle est
inexacte, et il suffit d'un calcul bien simple pour le prouver. Nous nous
sommes procuré le tableau des âges des prisonniers de Saint-Bernard; il
en résulte qu'au 31 décembre 1844, la population était de 1197 hommes,
qui ensemble avaient 40,047 ans, ce qui donne pour moyenne de l'âge de
chaque détenu 33 années; or, cette moyenne est, à Gand, de 40 à 41 ans;
de sorte que le détenu de la maison de force de Gand, au lieu d'être plus
jeune, a au contraire 7 à 8 ans de plus que celui de Saint-Bernard. Nous
sommes persuadés qu'il en est de même de celui de Vilvorde.

Quoiqu'en dise l'honorable membre du conseil provincial, il n'est pas
possible qu'il y ait divergence d'opinion sur les qualités nuisibles du gaz
des briqueteries; et quant à la distance de cent mètres, qui, aux yeux de
la commission médicale, serait suffisante pour dissiper les vapeurs, et
empêcher leur arrivée dans la prison, forcés d'en croire nos propres sens,
nous devons nécessairement récuser le témoignage des autres. Lors de
notre visite, le 6 décembre 1844, l'odeur avait pénétré dans toutes les parties du bâtiment, et M. l'inspecteur du service de santé, qui par la nature
de ses fonctions se trouve dans le cas de devoir se rendre fréquemment
dans l'établissement, nous a affirmé qu'il en était ainsi dans la plûpart de
ses visites. En ce qui concerne l'influence du gaz sur la santé, il en est
d'elle, comme des miasmes paludéens, elle doit être plus nuisible aux
détenus qu'aux hommes libres, à cause des conditions hygiéniques spéciales où ils se trouvent.

« L'encombrement des locaux est l'unique grief à reprocher à Saint-
» Bernard. » Telle était la conclusion de la députation permanente, telle
est aussi celle de M. le baron Diert. Pour démontrer qu'avec la disparition
de l'encombrement disparaîtront tous les maux, l'honorable conseiller
compare la mortalité de 1843 à celle de 1844, et il trouve en faveur de
1844 une diminution de 14 décès, qu'il attribue à la diminution de la
population. A notre tour faisons une comparaison. Du 1er janvier au 30
septembre 1844, la population moyenne a été de 1352 hommes, et il n'y
eut que 27 décès. Du 1er janvier au 9 septembre 1845 la moyenne de la
population n'a été que de 1146, et le nombre des morts a été de 321
Ensuite, depuis le transfert d'une partie de la population à Vilvorde et à

Saint-Hubert, n'a-t-on pas vu éclater encore une effrayante épidémie de typhus? Ce n'est pas que nous voulons nier l'influence de l'encombrement, nous l'avons reconnue et nous la reconnaissons encore; mais ce n'est pas par de pareils arguments qu'on doit se flatter de démontrer que la prison des correctionnels est une prison salubre et morale, et qu'on doit espérer pouvoir ébranler des convictions établies sur des observations exactes et précises.

Comparez la mortalité de Saint-Bernard pendant les diverses périodes de son existence comme prison, et vous remarquerez une diminution presque graduelle qui vous fournira une preuve autrement grande de ce qu'ont pu les efforts constants de l'administration pour améliorer le sort des détenus correctionnels. Cependant le résultat insuffisant auquel ont conduit tant de peines et de sacrifices est l'indice le plus convaincant de l'étendue et de la profondeur du mal.

Le remède proposé par M. Diert est l'agrandissement des locaux. Cette mesure, nous la désapprouvons et nous la combattrons toujours de toute la puissance de nos moyens, parce qu'elle est contraire aux intérêts moraux et matériels du pays. Faisons un instant abstraction de la position topographique, et examinons quel doit être infailliblement le résultat du conseil donné. Quand aux millions dépensés pour appropriations successives on aura ajouté un million de plus pour une nouvelle appropriation, on aura amélioré la position physique des coupables, mais on n'aura rien fait pour leur régénération morale: et le jour, où l'Etat, effrayé des progrès croissants des récidives, voudra y opposer une digue, il se verra forcé de se rendre à notre avis. Par l'addition de nouvelles salles on dispersera la population sur une plus grande surface et l'encombrement sera moindre, mais la prison avec les dortoirs communs, avec sa masse de petits ateliers où la surveillance est impossible, avec sa distribution irrégulière des locaux, sera-t-elle moins qu'aujourd'hui un bouge ou un repaire où les moindres coupables sont en peu de temps initiés aux vices les plus dégoûtants et aux crimes les plus hideux? L'horrible assassinat du curé de Rooborst n'a-t-il pas été arrêté, six mois avant l'événement, dans ce lieu de dépravation? A peine la nouvelle du meurtre s'était-elle répandue, qu'un ancien prisonnier vint trouver le chef de la police et lui désigna les véritables auteurs: « eux seuls, dit-il, ont pu commettre le crime, ils l'avaient prémédité en prison, je l'ai entendu. »

L'insalubrité de la prison n'est qu'un prétexte, ce que l'on veut c'est enlever à la province d'Anvers un établissement qu'elle désire conserver; tel est, si non la lettre, du moins le sens du langage de l'honorable conseiller provincial. Nous devons protester, pour notre part, contre une

semblable insinuation, et déclarer que nous verrions avec plaisir reconnaître les titres de la province d'Anvers à la création d'une nouvelle
prison sur son sol. Cette difficulté une fois levée, il pourrait bien y avoir
encore un petit nombre d'hommes intéressés à maintenir la prison de
Saint-Bernard, mais la généralité du conseil ne soutiendrait plus contre
l'évidence un établissement jugé depuis longtemps sous le rapport de
l'état sanitaire et moral des prisonniers.

Le discours de M. Diert ne réfutant aucun des motifs sur lesquels nous
avons basé les conclusions de notre rapport, nous croyons devoir maintenir l'opinion que nous y avons émise.

Le 10 septembre 1845.

Au nom de la Commission,

Le Président,
Dr VLEMINCKX.

Le Rapporteur,
J. MARESKA.

VI.

RÉFUTATION

du rapport de la commission d'enquête adressée à M. le Ministre de la Justice.

MONSIEUR LE MINISTRE,

Le rapport de la commission d'enquête, que vous avez jugé convenable d'instituer, dans le but d'éclaircir l'importante question d'insalubrité, que depuis quelque temps on attribue à la situation topographique de la maison de correction de Saint-Bernard, contenant plusieurs allégations erronées et inexactes, j'ai cru de mon devoir, comme chef de l'administration de la commune, dans laquelle est située cette prison, de réfuter ces allégations, et de relever l'inexactitude de plusieurs faits, sur lesquels cette commission se base pour établir l'insalubrité de cet important établissement, et obtenir sa translation dans une autre localité.

La commission d'enquête attribue l'insalubrité de Saint-Bernard à deux causes principales, qui, quoiqu'indépendantes du sol, sont aussi inhérentes que lui à la situation de l'établissement. Ces causes sont : le chenal de Schelle et les briqueteries d'Hemixem, page CLXXII du Rapport. (1).

« Le chenal, y est-il dit, est une espèce de marais, qui entoure la
» maison, du moins en partie; il est formé par une eau d'où s'exhalent
» presque constamment des miasmes dangereux; l'eau de l'Escaut elle-
» même laisse deux fois en vingt-quatre heures le lit boueux du fleuve
» à nu. »

Il faut bien peu connaître les localités, pour alléguer de tels faits; cette partie du rapport donne à elle seule la mesure de l'exagération des assertions qu'il contient.

Il est d'abord inexact de dire que le chenal de Schelle est une espèce de marais, ce chenal n'est autre chose qu'un bras de l'Escaut, qui, comme le fleuve, a flux et reflux.

L'allégation, que le chenal *entoure* la maison en partie, est tout aussi inexacte, puisqu'il ne touche le terrain extérieur de l'établissement que du côté sud. Il en est éloigné près des casernes de quatre mètres,

(1) Voir le Mémoire à l'appui du projet de loi sur les prisons

et à l'autre extrémité, il est distant du mur d'enceinte de quarante-six mètres

. . . . . étant formé par l'eau même de l'Escaut, dont il fait partie,
c . . . . . . tant jamais stagnante, puisqu'elle s'y renouvelle à chaque
ma . . . . . . par conséquent impossible que des miasmes dangereux s'en exhalent presque constamment, comme le prétend la commission d'enquête.

Mais l'allégation la plus exagérée du rapport est celle, que l'eau de l'Escaut elle-même, laisse deux fois en vingt-quatre heures le lit boueux du fleuve à nu.

Il est inconcevable que des hommes de bon sens, des hommes instruits comme ceux qui ont fait partie de la commission d'enquête, aient pu alléguer un fait aussi inexact dans un rapport adressé au gouvernement et destiné à recevoir de la publicité, et que deux de ses membres, dont l'un habite Anvers depuis plusieurs années, et l'autre l'établissement de Saint-Bernard, aient pu laisser insérer une telle assertion dans ce rapport, eux qui ont constamment sous les yeux ce beau fleuve navigable même à la marée la plus basse.

Et c'est au moyen de pareilles allégations que l'on s'efforce de prouver l'insalubrité de Saint-Bernard !

Quant aux causes d'insalubrité résultant du voisinage des briqueteries, je crois devoir faire observer que jusqu'à présent l'importante question de savoir si réellement le voisinage des fours à briques est nuisible à la santé des habitants, n'a pas reçu une solution définitive ; des opinions tout-à-fait divergentes ont été émises à cet égard, mais quoiqu'il en soit, la commission médicale provinciale a été d'avis que la fumée et les émanations sulfureuses de fours à briques, placés à une distance de cent mètres du mur extérieur de la prison, ne pouvaient pas être nuisibles à la santé des détenus.

Mais, à mon avis, la preuve la plus convaincante que le voisinage des briqueteries, qui toutes sont situées à plus de cent mètres du mur d'enceinte de la prison, ne peut être nuisible à la santé des détenus, c'est que nulle part les habitants ne jouissent d'une meilleure santé et n'atteignent un âge aussi avancé que dans les communes de Boom, Niel, Rupelmonde et Cruybeck, quoiqu'ils y soient constamment exposés à la fumée et aux odeurs sulfureuses des nombreux fours à briques, qui couvrent une grande partie du sol de ces communes.

Il est d'ailleurs à remarquer que ce n'est que par un vent de nord-ouest que l'odeur et la fumée des briqueteries se font sentir dans la prison, et l'on sait que ce vent règne rarement dans nos climats pendant les mois d'été, seule saison convenable à la cuisson des briques.

Une autre cause, à laquelle la commission d'enquête attribue l'insalubrité de Saint-Bernard, est la mauvaise qualité de l'eau qui sert d'aliment aux détenus, (Pages CLXXV et CLXXVI).

Elle attribue la quantité considérable de substances organiques, qu'elle y a découvertes en l'analysant, soit qu'elles proviennent de ce que les eaux filtrent par la terre du cimetière, comme le pense le médecin de la prison, soit qu'elles doivent leur origine à la nature du terrain, ou bien à ce que l'eau demeure stagnante dans une espèce d'étang; toujours est-il certain, selon la commission, que ces substances peuvent être considérées comme des matières animales et végétales en voie de décomposition, et constituant en conséquence une source de maladies.

Quelques mots suffiront pour démontrer combien ces faits allégués par la commission sont inexacts.

D'abord l'eau, qui sert de boisson aux détenus, est filtrée dans un étang alimenté par la crique qui reçoit ces eaux directement de l'Escaut au moyen de l'écluse ménagée dans le chenal.

L'eau, qui sert à la préparation des aliments et aux autres besoins de la maison, entre dans l'établissement au moyen d'un aqueduc maçonné, qui a son embouchure dans la crique au point le plus rapproché du village de Schelle; elle provient également de l'Escaut.

Ces eaux entrent dans l'établissement du côté sud; on n'en emploie pas d'autres pour la boisson et pour la préparation des aliments des détenus.

Les eaux, qui pourraient filtrer par la terre du cimetière, entrent dans l'établissement du côté nord et viennent se perdre dans l'étang près de la demeure du sous-directeur. On n'en fait jamais usage pour le service de la maison.

Depuis quelque temps on a soin de faire filtrer l'eau qui sert de boisson aux détenus, il est étonnant que la commission n'en dise rien dans son rapport.

L'eau de l'Escaut n'est pas d'ailleurs d'une aussi mauvaise qualité, que le prétend la commission d'enquête. En effet, si elle était aussi malsaine, les navires de commerce viendraient-ils faire provision d'eau dans ce fleuve pour leurs voyages de long cours, ainsi que le prouve le certificat ci-joint d'un courtier de navires (1)?

_____

(1) « Le soussigné courtier de navires assermenté déclare qu'il est à sa connaissance que les navires de mer font quelquefois provision d'eau dans l'Escaut à marée basse.

Anvers, le 22 Octobre 1845.   (Signé) VAN DEN BERGH fils,
Courtier de navires.

Il est cependant reconnu que les capitaines préfèrent généralement l'eau de l'Escaut, qui se conserve beaucoup mieux que toute autre eau. Lorsque les canonnières de l'État stationnaient dans l'Escaut, elles venaient aussi faire provision d'eau dans ce fleuve à la hauteur de Saint-Bernard.

Enfin le médecin principal Gouzée, a reconnu dans le rapport qu'il adressa au Gouvernement en 1830, que l'eau de la prison n'était pas d'une mauvaise qualité et qu'elle pouvait se clarifier au moyen de la filtration.

M. le médecin principal Gouzée, est donc maintenant en contradiction avec ce qu'il avançait sur cet important objet dans son rapport de 1830.

Pour prouver que l'établissement de Saint-Bernard est situé dans un lieu bas, la commission d'enquête cite les deux vers suivants : page CLXXXIX du rapport :

» Valles Bernardus, colles Benedictus amabat,
« Oppida Franciscus, magnas Ignatius urbes. »

L'auteur de ces vers a sans doute voulu faire allusion à la vallée de Clairvaux, (Clara Vallis) située en France, dans laquelle l'abbaye de ce nom fût fondée en 1115 par Saint-Bernard, qui en fut premier abbé. Voyez Jongelinus, *Notices des abbayes de l'ordre de Citeaux, en France,* pages 20 et suivantes.

L'abbaye de Saint-Bernard fut primitivement établie en 1235 par quelques moines de l'abbaye de Villers dans les terres basses et marécageuses de la commune de Vremde; mais ils furent bientôt contraints pour cause d'insalubrité d'abandonner cette localité, et cette fois, guidés par l'expérience, ils choisirent une contrée plus saine. En 1246, du consentement d'Henri II duc de Brabant et du pape Innocent IV, Gosuin, second abbé de cet ordre, vint fonder la nouvelle abbaye de Saint-Bernard à Hemixem, dans un lieu plus salubre, près de l'Escaut et dominant en quelque sorte le village voisin de Schelle. « Causa translationis erat, » dit Gaspard Jongelinus dans son ouvrage intitulé : *notices des abbayes de l'ordre de Citeaux en Belgique,* page 62, « prioris loci molestia, » aquæ paludinosœ coque insalubres, loca pestiferis vaporibus evapo- » rantia, aliaque tœdia nonnulla »

Et pourrait-on après cela raisonnablement supposer que ces moines auraient quitté leurs marais malsains de Vremde, pour venir s'établir dans un endroit, qui aurait offert les mêmes inconvénients? Non, une telle supposition est impossible.

Une seule inspection des lieux suffit d'ailleurs pour se convaincre que

Saint-Bernard n'est pas situé dans un lieu bas, et le choix de cette localité par les moines de Saint-Bernard n'est pas dès lors, comme le prétend la commission d'enquête, sa condamnation.

La commission semble vouloir établir que c'était dans un but de mortification et précisément parce que cette localité aurait été insalubre que les moines ont fait choix de la commune de Hemixem pour y fonder une abbaye, et, quelques lignes plus loin, forcés de reconnaître que l'état de leur santé y était favorable, elle ajoute que ces moines, ne manquant de rien, luttaient avec avantage contre les influences malfaisantes du sol.

Ainsi, à la même page cxc, la commission d'enquête fait des moines de Saint-Bernard tantôt des martyrs, tantôt des moines qui ne se laissaient manquer de rien, selon les besoins de la thèse, qu'elle soutient.

L'assertion que la règle de Saint-Bernard exigeait que les abbayes de cet ordre fussent établies dans des lieux bas, n'est pas plus heureuse. En effet les moines de Saint-Bernard suivaient la règle de Cîteaux ; et je puis affirmer sans crainte de démenti, d'après les ouvrages que j'ai consultés, que le choix de la situation des lieux dans lesquels les monastères de cet ordre furent établis, était entièrement étranger à cette règle.

Et personne ne soutiendra que les abbayes de Villers, de Cambron, de Boneffe, des Dunes, de Baudeloo, et d'Alne, qui toutes suivaient la règle de Cîteaux, étaient situées dans des lieux bas et humides.

Ce qui prouve encore que la prison de Saint-Bernard n'est pas située dans un lieu bas, c'est que de l'aveu même de la commission d'enquête, treize décès y eurent lieu en 1843 et un nombre égal en 1844 à la suite de la phthisie tuberculeuse. (Page CLXXXII, du rapport.)

Or, le célèbre docteur Schœnlein, dans son traité *Algemeine und spezielle pathologie und therapie*, tome 3, page 74, soutient que dans toute la partie basse de la Hollande où régnent les fièvres intermittentes endémiques, les tubercules sont rares, tandis qu'à une faible distance delà, dans la partie sablonneuse à peine élevée de 80 pieds au-dessus du niveau de la mer, où les fièvres intermittentes sont rares, là on voit régner endémiquement la phthisie tuberculeuse.

Le docteur Harrisson assure même que l'on voit très-peu de phthisiques dans le canton marécageux du Lancashire, tandis que cette maladie est très-commune dans le reste du comté.

Il rapporte même quelques exemples de phthisiques dont les uns auraient obtenu un grand soulagement, tandis que d'autres se seraient entièrement guéris en transportant leur demeure d'un endroit sec et élevé, dans une localité basse et humide. Sinclair, *Principes d'hygiène*.

Le docteur Wells dans son ouvrage intitulé « *Transactions of a so-*

ciety for the improvement of med. Knowlegd, 3e vol. » a plus fortement encore insisté sur la rareté relative de la phthisie pulmonaire dans
les localités de l'Angleterre où les fièvres de marais sont endémiques.

Boudin, médecin de l'armée française, enseigne la même doctrine.

L'on est donc naturellement porté à conclure des observations de ces
savants médecins que la phthisie tuberculeuse, étant endémique à Saint-
Bernard puisqu'en 1843, 13 décès et un même nombre en 1844, y eurent
lieu à la suite de cette maladie, que Saint-Bernard n'est pas situé, comme
le prétend la commission d'enquête, dans un lieu bas et humide.

La commission d'enquête attribue enfin au voisinage des polders, au
terrain d'alluvion, la cause d'insalubrité de cette prison.

A cet égard, je dois faire observer que du côté sud, le village de Schelle
se trouve entre le petit polder de ce nom et l'établissement de Saint-
Bernard et que du côté de l'ouest, les polders de Bazele et de Rupelmonde
en sont séparés par la largeur de l'Escaut et distants de 331 mètres.

Il y a du reste une grande distinction à faire entre ces polders et ceux
du bas Escaut; les communes de Schelle, de Rupelmonde et de Bazele, qui
y touchent, ne présentent aucun symptôme de maladie exceptionnelle,
que l'on puisse attribuer à ce voisinage. Le château de Bazele lui-même
n'a jamais été considéré comme insalubre, quoiqu'il touche au polder de
ce nom de deux côtés, du sud et de l'est.

Mais, dit la commission, page cxu, serait-il étonnant que des prisonniers mal vêtus, mal nourris, épuisés par la misère et le vice, ne résistassent point à un agent morbifique, contre lequel luttent avec avantage les
habitants des maisons de campagne situées sur les bords de l'Escaut, qui
ne manquent de rien?

Mais depuis quand les prisonniers sont-ils mal vêtus, mal nourris?
La plupart d'entre eux le sont beaucoup mieux qu'avant leur entrée en
prison; ils reçoivent une nourriture beaucoup plus saine et même plus
abondante, des vêtements plus chauds qu'un grand nombre des habitants
des villages voisins, qui y jouissent cependant d'une santé parfaite et atteignent un âge très-avancé.

La commission répète, mais elle le fait cette fois avec plus de réserve
et avec moins d'assurance que ne l'avait fait M. l'inspecteur général du
service de santé Vleminckx, dans la lettre qu'il vous adressa le 16 février 1845, que l'insalubrité de l'hôpital maritime, établi par décret impérial du 3 mars 1809 à Saint-Bernard, fut telle que malgré les grands
avantages de sa position, on se hâta de l'abandonner. (Page cxu).

Il suffit pour détruire cette assertion, aussi peu véridique d'ailleurs que
la plupart des assertions qui précèdent, de produire les régistres de l'état
civil de la commune de Hemixem des années 1810 à 1814. Dans les régis-

tres de l'année 1813, comme j'ai eu l'honneur de le dire au conseil provincial, l'on trouve inscrits 300 décès, qui eurent lieu dans le cours de
cette année à l'hôpital maritime, et dans ceux de 1814 quarante-sept
pendant le mois de janvier de cette année.

L'hôpital maritime de Saint-Bernard ne fut supprimé que par force
majeure à la fin du mois de janvier 1814, au moment de l'entrée des
armées alliées en Belgique.

La commission d'enquête allègue encore, page cxcii, que d'après la
statistique de la Belgique, publiée par M. le ministre de l'intérieur, la
mortalité de la commune de Hemixem aurait été :

Pour 1841 sur une population de 1116 individus, de 30 décès
»   1842   »   1112   »   57 »
»   1843   »   1087   »   27 »

Quoiqu'il soit évident, comme la commission d'ailleurs le suppose elle-
même, que des erreurs ont dû être commises à cet égard par l'employé chargé de la rédaction de cet ouvrage, qui, pour les années 1842
et 1843, a compris les décès qui eurent lieu dans la prison dans le cours
de ces années, parmi ceux de la commune, sans comprendre le nombre des
prisonniers dans la population qu'il donne, mais d'une manière également
inexacte, je ne puis cependant laisser subsister de telles erreurs, je dois à
la commune que j'administre, de rectifier ces chiffres d'après les registres
des décès et le relevé authentique de la population de ces années.

Ainsi en réalité en 1841, sur une population de 1257 âmes, il y a eu dans
la commune 28 décès, à Saint-Bernard 31.

En 1842, sur une population de 1257 âmes, il y a eu dans la commune
21 décès, à Saint-Bernard 36.

En 1843 sur une population de 1273 âmes, il y a eu 32 décès dans la
commune et 45 à Saint-Bernard.

Ce qui donne en moyenne 27 décès dans la commune sur une population
de 1262 habitants, ou 2.14 décès sur 100 habitants, au lieu de 4.94 décès
sur 100, comme l'indique le rapport de la commission.

Si l'on fait le relevé des décès qui ont eu lieu dans la commune, pendant
la dernière période décennale, ce qui serait peut-être plus rationnel, le
résultat donnerait 2 décès sur 100 habitants.

D'après les tableaux indiqués à la page cxci du rapport de la commission, les décès auraient été pendant les années 1841, 1842 et 1843 dans
les communes rurales de la Belgique de 2.27 sur 100 habitants, d'où il
suit que la mortalité de la commune de Hemixem, dans laquelle se trouve
la prison de Saint-Bernard, a été, pendant ces mêmes années, inférieure
à celle des autres communes rurales ; et l'on soutiendrait après cela que
cette prison est située dans une localité malsaine !

D'après le rapport de la commission, page CLXXXVI, la moyenne de la mortalité de la prison, si l'on en retranche les 10 morts de fièvres typhoïdes et les 2 ou 3 décès à la suite d'affections plus ou moins aiguës, aurait été pendant les années 1842 et 1843 de 2.53 pour cent.

Ce chiffre n'est certes pas exorbitant, lorsqu'on considère que les vieillards y forment le sixième de la population, et que la plupart des condamnés ont déjà, en entrant dans la prison une prédisposition aux maladies.

Il est d'ailleurs généralement reconnu que la population correctionnelle, qui d'habitude a passé par tous les dégrés de la misère et de la mendicité, avant son entrée en prison, est au moral moins énergique, au physique moins robuste que la population des maisons de force et de réclusion. Qu'y a-t-il d'étonnant après cela, que des hommes d'une constitution faible et étiolée par des privations constantes, offrent plus de prise à des maladies de langueur et présentent un chiffre de mortalité plus élevé que les condamnés criminels, surtout, lorsque tant d'autres causes viennent encore contribuer à ce résultat. Ainsi par exemple, la fréquence des mutations dans les prisons correctionnelles, dont la commission d'enquête n'a tenu aucun compte, suffirait pour expliquer cet excédant de décès. Sur un nombre donné d'individus, entrant en prison, une partie succombe dans le cours des premières années de leur captivité, parce que, comme le reconnaît la commission, la captivité est un état contre nature; le régime sévère qui y est établi, mine la constitution et la santé des malheureux qui y sont soumis, et les individus faibles et nostalgiques en sont bientôt victimes.

Or, sur une population égale, et celle de Saint-Bernard est toujours de beaucoup supérieure à celle des prisons de Gand et de Vilvorde; il y a quatre fois autant de mouvement, dans les prisons correctionnelles, dans les quelles sont envoyés des hommes condamnés à un an d'emprisonnement, que dans les prisons criminelles où le moindre terme est de cinq ans. Sur une population égale de 1000 détenus, il en entrera tous les ans plus de 800 à Saint-Bernard, s'il en entre 200 dans une prison criminelle. Or les influences morbifiques, qui agissent dans le principe de l'emprisonnement, doivent nécessairement prélever un plus fort tribut sur un chiffre de 800 hommes que de 200, quoique la population soit la même; et c'est ce qui explique tout simplement et sans qu'il soit nécessaire de recourir à des inductions scientifiques et conjecturales, pourquoi, à population égale, la mortalité doit être, indépendamment d'autres influences, bien plus considérable dans les prisons correctionnelles.

Si un fait d'ailleurs si évident avait besoin d'être prouvé, je pourrais aussi recourir à ces statistiques officielles, qui établissent qu'il périt plus de prisonniers pendant les deux premières années de la captivité que pendant les dix années qui suivent et m'appuyant sur la citation du rapporteur de la commission que :

« Quelque crime toujours précède les grands crimes (page CLXXXVII), » j'ajouterais que les condamnés criminels, ayant pour la plupart encouru un emprisonnement correctionnel antérieur, ceux qui ont résisté aux influences morbifiques des prisons, ont déjà subi un triage et peuvent être considérés comme têtes de choix; si je puis m'exprimer ainsi. Habitués à ce régime, auquel plusieurs d'entr'eux ont succombé, les survivants ont donc beaucoup plus de chances de résister aux influences morales et matérielles d'une nouvelle captivité dans une prison criminelle.

« La plupart des dortoirs, dit la commission d'enquête, page CLXXIV, » sont établis dans les combles. »

Si cette allégation n'est pas tout-à-fait inexacte, elle est du moins singulièrement exagérée.

Il existe dans la prison de Saint-Bernard quatorze dortoirs, dont cinq seulement sont établis sous les combles, ce sont les numéros 5, 6, 8, 9, 12; ils renferment ensemble 332 détenus; les neuf autres dortoirs sont situés aux étages inférieurs de la maison, ce sont les numéros 1, 2, 3, 4, 7, 10, 11, 13, 14; ils renferment ensemble 724 prisonniers.

La commission ajoute à la même page « qu'un couloir étroit et un gre- » nier servent d'infirmerie, et que l'absence de préau spécial pour l'hôpi- » tal condamne les malades et les convalescents à rester continuellement » plongés dans l'air vicié des salles. »

Je crois devoir également rectifier cette allégation. Il existe actuellement dans la maison de Saint-Bernard quatre salles qui servent d'infirmeries; deux d'entre-elles sont situées sous les combles, ce sont les n°° 2 et 3, elles contiennent ensemble vingt-six détenus blessés, vieillards, et rachitiques.

Les deux autres salles sont situées à l'étage inférieur et renferment 53 lits.

Toutes ces salles sont du reste parfaitement aérées, des ventilateurs y ont été établis

Quoi qu'il n'y ait pas en effet de préau spécialement affecté à la promenade des convalescents, ceux-ci cependant se promènent tous les jours dans la cour spacieuse de la 1re catégorie, pendant les heures que les autres détenus sont occupés au travail dans les ateliers.

Enfin la commission d'enquête termine en disant, page CXCVII, « qu'un » bâtiment qui a traversé six siècles n'a pu se tenir debout qu'au moyen » de travaux annuels très-coûteux; que quand un bâtiment a fait son » temps plutôt que de chercher à le disposer pour des besoins nouveaux,

» l'économie fait un devoir de l'abattre ; qu'il importe que l'on conçoive
» pour les prisons un plan général, que l'on choisisse des emplacements
» étendus, car il faut, dit-elle, pour les prisons comme pour les hôpi-
» taux, non des ornements et des colonnes, mais de l'air et de l'espace.

« L'agrandissement de la maison de Saint-Bernard, dit-elle encore,
» page CXCIX, par des constructions nouvelles à ajouter à celles qui
» existent maintenant, serait sous le point de vue de l'économie et l'in-
» térêt des détenus et de la société entière, une faute si grande que l'idée
» ne saurait en venir à personne. »

Dans cette partie du rapport la commission d'enquête se contredit elle-
même, en alléguant que les bâtiments de Saint-Bernard ont traversé six
siècles puisqu'à la page CLXXIII, elle indique en note que d'après les auteurs des *Délices des Pays-Bas*, les bâtiments de cette abbaye ont été
brûlés en 1672. D'où l'on doit naturellement conclure que les bâtiments
actuels ne pourraient exister que depuis 173 ans, et qu'ils n'ont par conséquent pu traverser six siècles.

Mais déjà antérieurement à cette époque, les bâtiments de l'abbaye de
Saint-Bernard avaient été détruits de fond en comble pendant nos dissensions religieuses en 1582.

Je dois encore faire observer qu'une partie du bâtiment ne date même
pas de la reconstruction après l'incendie de 1672. L'année 1777, taillée
dans une pierre, placée dans le mur extérieur du bâtiment des cuisines,
indique l'époque chronologique de la construction de cette partie de la
maison.

La vaste enceinte de Saint-Bernard, entourée de murs de tous les côtés,
renferme une étendue de treize à quatorze hectares. Quelle localité pourrait offrir un emplacement aussi convenable pour la construction d'une
prison, sur lequel tous les bâtiments accessoires, tels que les casernes,
la buanderie, l'habitation de l'aumônier, du sous-directeur, du médecin,
de l'instituteur, les magasins, la boulangerie, la ferme existent déjà. Un
tel emplacement permet sans doute, quoique la commission prétende
que l'idée ne saurait en venir à personne, d'ajouter des constructions
nouvelles à celles déjà existantes pour y renfermer le trop plein de la population. De cette manière on évite les frais de construction d'un mur
d'enceinte et des bâtiments accessoires, qui entrent pour une si forte
dépense dans la construction d'une prison, et un seul personnel d'employés suffit, tandis qu'en établissant deux prisons de correctionnels, les
frais généraux d'administration et de surveillance seront doublés.

La commission ajoute encore « que, si l'on est convaincu que le voisi-
» nage des polders et l'absence de bonne eau ne sont pas des obstacles à
» l'existence d'une prison à Hemixem, elle consent qu'on la change en

» cellulaire, mais à la condition expresse qu'on rase les bâtiments exis-
» tants, et que l'on reconstruise à neuf. »

Je ne puis partager un tel avis : en effet, si la législature adopte l'emprisonnement cellulaire pensylvanien, tel qu'il est établi à Philadelphie et
dans la prison de Pentonville, c'est-à-dire l'isolement complet des détenus pendant le jour et pendant la nuit, il ne faudrait dans ce cas construire que les cellules pensylvaniennes et une multiplicité de préaux dans
l'enceinte des murs au côté du bâtiment principal, qui serait approprié
aux services généraux de la prison, tels qu'à l'habitation du directeur,
des employés et des gardiens, dont une partie est obligée de se loger actuellement dans le village voisin de Schelle, et reçoit de ce chef une in-
demnité du Gouvernement ; une autre partie de ce bâtiment pourrait aussi
être convertie en magasin de matières premières, d'objets confectionnés,
d'habillements des détenus etc. ; les autres bâtiments accessoires et nécessaires dans une prison existent déjà à Saint-Bernard, comme j'ai eu
l'honneur de le dire, tandis qu'il faudrait les construire dans une nouvelle
prison.

Si, au contraire le Gouvernement voulait convertir Saint-Bernard en
pénitencier selon le système d'Auburn, c'est-à-dire travail en commun
dans les ateliers et isolement nocturne, la dépense serait bien moins
grande ; il suffirait dans ce cas de faire rayonner les cellules des détenus
derrière le bâtiment principal, qui servirait aux besoins généraux de la
maison et dans lequel la chapelle, l'hôpital, l'école et les ateliers, où les
détenus continueraient à travailler le jour, seraient conservés.

Cette conversion, d'après le système Auburnien, dit la commission
d'enquête, exigerait une dépense qui a été évaluée par les ingénieurs à la
somme énorme de un million cinq cent mille francs.

A cet égard, je crois encore devoir faire observer que dans la confec-
tion des plans et devis, M. l'ingénieur Roget a suivi les mêmes errements
que la commission d'enquête ; il voulait raser la plupart des bâtiments
actuellement existants, il voulait déplacer les casernes et les reconstruire
près de la grille d'entrée, en un mot cet ingénieur proposait de faire une
foule de dépenses inutiles. Que l'on se borne à construire un nombre suffisant de cellules derrière le bâtiment principal, la dépense n'atteindra
pas le chiffre de cinq à six cent mille francs.

Ici doit se borner ma tâche. Mon unique but, M. le Ministre, a été de
signaler et de rectifier l'inexactitude de plusieurs faits erronés sur lesquels la commission d'enquête se fonde pour prouver l'insalubrité de cette
prison ; ce but, je crois l'avoir atteint.

Il résulte de ce qui précède :

1° Que les causes principales auxquelles la commission d'enquête attribue l'insalubrité de Saint-Bernard, telles que sa situation topographique, les miasmes dangereux, qui d'après elle s'exhaleraient du chenal de Schelle et du lit boueux du fleuve, n'existent pas.

2° Que la qualité de l'eau, qui sert d'aliment aux détenus, n'est pas mauvaise, ainsi que le prétend la commission.

3° Que la prison n'est pas située dans un lieu bas et humide.

4° Que le voisinage de cette espèce de polders et des fours à briques n'exerce pas d'influence fâcheuse sur l'établissement.

5° Que jamais le Gouvernement français n'a eu l'intention de déplacer l'hôpital maritime établi à Saint-Bernard.

6° Que la mortalité de la commune de Hemixem est inférieure à celle des autres communes rurales de la Belgique.

7° Que le chiffre de la mortalité dans la prison n'est pas exhorbitant.

8° Qu'une partie seulement des dortoirs et des salles d'infirmerie est établie sous les combles.

9° Que les bâtiments de Saint-Bernard n'existent pas, comme le prétend la commission d'enquête, depuis six siècles, mais seulement depuis 173 ans.

10° Que la vaste enceinte de Saint-Bernard permet d'ajouter convenablement des constructions nouvelles à celles déjà existantes, pour y renfermer le trop plein de la population, et qu'elle permet même de convertir cette prison en pénitencier cellulaire à bien moins de frais que partout ailleurs.

11° Enfin, que s'il y a insalubrité à Saint-Bernard, elle ne peut être attribuée qu'à l'encombrement des locaux, et jamais à sa situation topographique.

J'ose par conséquent espérer que le Gouvernement conservera à la province et aux contrées voisines, qui en retirent de grands avantages, un établissement qui est appelé à rendre encore de nombreux services au pays et à la société.

J'ai foi dans l'assurance solennellement donnée dans le sein du conseil provincial par M. le Gouverneur de la province, actuellement Ministre des finances, que les travaux d'assainissement que le Gouvernement fait exécuter à Saint-Bernard doivent dissiper toutes les craintes sur la conservation de cette prison, et prouvent que le Gouvernement a renoncé à l'idée de supprimer cet important établissement.

Hemixem, ce 8 décembre 1845.

Le Bourgmestre de Hemixem, membre de la Commission administrative des prisons.

B⁰ⁿ T. DIERT.

VII.

RAPPORT

de M. le contrôleur du service intérieur des prisons, sur l'inondation d'une partie de la maison de Saint-Bernard, causée par une marée haute.

MONSIEUR L'ADMINISTRATEUR,

Me trouvant à Saint-Bernard le 13 de ce mois au moment où la marée a été si forte, je crois devoir vous faire connaître ce qui est arrivé dans cette prison, à la suite de cette crue extraordinaire des eaux.

La digue qui sépare la blanchisserie du chenal a été rompue dans une longueur de plusieurs mètres; toutes les habitations des employés situées derrière les casernes, ont été submergées au point que les personnes qui les occupaient furent obligées de se réfugier dans les greniers jusqu'à la marée descendante. Les dégats ont été insignifiants dans ces habitations, parce que tout le monde s'attendait à une marée extraordinaire.

Dans l'intérieur de la prison, un atelier de tisserands établi dans les souterrains a été inondé à tel point que les métiers surnageaient, car deux avaient changé de place; l'eau ne provenait pas de l'inondation, elle était sortie du sol de l'atelier. Les toiles et les fils qui se trouvaient sur les métiers ont été couverts d'eau. On ne pense pas que ces objets soient endommagés, parce qu'aussitôt après que l'eau fut extraite de l'atelier, on les a fait sécher convenablement.

Il n'y a donc eu d'autre dégat que la rupture de la digue, à la reconstruction de laquelle on a occupé 15 à 20 détenus pendant plusieurs jours. Le temps étant très-mauvais et les détenus obligés de travailler sur un terrain très-humide, le directeur crut devoir leur faire distribuer du genièvre afin d'empêcher qu'ils ne devinssent malades.

Tout ce qui est arrivé dans cette circonstance est sans doute fort peu de chose, mais l'inondation de l'atelier des tisserands prouve combien le sol de Saint-Bernard est humide et par conséquent malsain.

Le 20 décembre 1843.

Le contrôleur,
DE SORLUS.

VIII.

RAPPORT

de M. le Gouverneur à Anvers sur la même inondation.

Anvers, le 9 janvier 1846.

MONSIEUR LE MINISTRE,

Je m'empresse de satisfaire à l'invitation, contenue dans votre dépêche du 3 janvier courant n° 11580, en vous transmettant deux états. Le premier pour réparations urgentes exécutées à la digue du chenal au-dessus duquel l'eau a passé par suite de la marée extraordinaire, dans la nuit du 11 au 12 décembre dernier, et montant à fr. 54 90 c.; le second comprenant les réparations pour lesquelles on demande une autorisation préalable et que rendent nécessaires les dégats occasionnés, au rinçoir et au pavement de la bouillerie de fil, par le débordement des eaux. Cet état s'élève à 140 francs.

Vous verrez par le montant de ces états, Monsieur le Ministre, que l'événement n'a pas été assez considérable pour qu'il y eût lieu de prendre des mesures extraordinaires, dont on n'eût pas manqué de vous informer immédiatement, et le directeur a pensé pouvoir se borner à la transmission des états périodiques, des travaux nécessaires, aux époques fixées par les règlements.

Lorsque la commission administrative a reçu avis de la dégradation de la digue, elle était d'intention d'envoyer sur le champ un ingénieur sur les lieux; mais le directeur lui ayant assuré, en lui faisant part de l'événement, que la digue serait réparée par les détenus, avant la prochaine marée, ce qui eut effectivement lieu, il n'a pas même été nécessaire de donner suite à ce projet.

En somme la rupture de la digue n'ayant amené l'invasion par les eaux que de la partie basse de l'établissement où est située la bouillerie de fil, cet événement n'a eu d'autre gravité que la légère dépense indiquée dans les états que j'ai l'honneur de vous transmettre ci-annexés.

Le Gouverneur de la province,

J. TEICHMAN.

IX.

RAPPORT

de M. l'Inspecteur général du service de santé.

Bruxelles, le 8 mai 1846.

MONSIEUR LE MINISTRE,

Au nombre des mesures conseillées par M. le médecin de régiment Tosquinet dans le rapport qu'il vient de m'envoyer pour faire cesser l'épidémie de Saint-Bernard, se trouve la suivante :

« Je conseillerais, en outre, une mesure préalable, dans le but de faire cesser, ou au moins de diminuer l'encombrement qui existe dans les salles communes et surtout dans les dortoirs. Ce serait d'accorder grâce à un assez grand nombre de détenus que l'on prendrait de préférence parmi ceux dont la constitution est le plus en souffrance, et ceux dont le terme de la peine serait le plus rapproché. Par cette mesure on enlèverait à la maladie une part de sa pâture favorite, et on mettrait les restants dans de meilleures conditions hygiéniques. Dans ce moment, il est pénible de voir de quelle façon les hommes sont entassés dans les dortoirs : ils y sont littéralement *côte à côte*. Quel dommage n'en doit-il pas résulter, et pour leur santé et pour leur moralité! »

Je sais que la mesure recommandée par M. Tosquinet est actuellement en voie d'exécution, ce n'est donc pas pour vous la conseiller que j'ai cru devoir mettre sous vos yeux ce passage de son rapport.

Le nombre des détenus de Saint-Bernard a été diminué, autant que les circonstances ont permis de le faire; puisque de 1300 il est descendu à 1000, et néanmoins, l'encombrement existe encore : les détenus sont encore couchés *côte à côte*, comme le dit M. Tosquinet.

Si d'un autre côté, nous nous représentons que nos maisons d'arrêt et de sûreté sont remplies d'hommes qui eussent dû être transportés dans celle de Saint-Bernard, et que l'encombrement de quelques-unes d'entr'elles, qu'il n'a pas été possible d'éviter, y a fait éclater des maladies

6

véritablement graves, nous arrivons nécessairement de nouveau à cette conclusion qu'ainsi que nous l'avons dit, la maison de correction de Saint-Bernard est insuffisante, et que de nouvelles constructions sont indispensables.

Je me permets de vous rappeler à cette occasion le passage suivant du rapport de la commission chargée de faire une enquête sur la situation sanitaire de Saint-Bernard :

« Pour diminuer d'une manière efficace la population de Saint-Bernard, il importe de la réduire à peu près à la moitié de ce qu'elle est aujourd'hui. Il faut donc trouver place pour au-delà de 500 détenus. Or, le placement de ces détenus dans une autre prison, ne fussent-ils que cent, est impossible. Après quinze ans d'efforts pour améliorer l'emprisonnement en Belgique, ce serait revenir au point du départ, c'est-à-dire, à l'horrible pêle-mêle des détenus de toutes les catégories dans un même établissement. Ensuite, chaque prison est pleine; augmenter sa population, ce serait reporter sur elle tous les inconvénients de l'encombrement.

» Le trop plein de Saint-Bernard ne pouvant être reçu nulle part, la construction d'un nouveau pénitencier devient donc nécessaire, même dans l'hypothèse de la députation permanente.

» Nous n'avons point à rechercher un emplacement convenable pour la formation d'un pénitencier nouveau ; c'est un soin qui incombe au Gouvernement, et aux Chambres, mais nous sommes persuadés qu'il existe dans la province d'Anvers plus d'une localité qui réunit toutes les conditions requises.

» L'agrandissement de la maison de Saint-Bernard par des constructions nouvelles à ajouter à celles qui existent maintenant, serait sous le point de vue de l'économie et de l'intérêt des détenus et de la société entière, une faute si grande que l'idée ne saurait en venir à personne ; et par conséquent nous n'avons pas à nous en occuper.

» Ainsi, soit que l'on considère l'encombrement comme cause unique soit qu'on l'admette simultanément avec plusieurs autres, quelque soit par conséquent le sort que l'on destine à Saint-Bernard, la création d'un nouveau pénitencier est inévitable. Aux yeux de la commission d'Anvers, comme aux nôtres, comme à ceux de toute personne impartiale, la position des condamnés correctionnels, réclame un changement prompt. C'est comme on l'a dit, une question de vie ou de mort, dont la solution ne souffre point de délai. » (*Mémoire à l'appui du projet de loi sur les prisons, page* cxcix *des annexes.*)

L'Inspecteur Général,
Dr VLEMINCKX.

X.

RAPPORT

de M. l'Administrateur des prisons et de la sûreté publique.

Bruxelles, le 16 mai 1846.

MONSIEUR LE MINISTRE,

S'il y a encore divergence d'opinion sur certaines causes d'insalubrité inhérentes à la prison de Saint-Bernard, il n'y en a guère quant aux inconvénients de l'agglomération de 12 à 1,400 détenus dans cette maison centrale : tout le monde reconnaît ces inconvénients et l'urgence de les faire disparaître.

Il semble donc que, tout en réservant la question de la suppression de cet établissement, il y a lieu de reconnaître dès-à-présent la nécessité d'en dédoubler la population et de bâtir une deuxième maison centrale de correction.

Il ne peut exister aucune raison pour différer l'exécution de cette mesure que depuis longtemps j'ai conseillée, sans pouvoir réussir jusqu'ici à la faire adopter, témoin ma note de septembre 1844. Un plus long retard serait de nature à engager la responsabilité de l'administration.

Tout se réunit dès-lors pour justifier le projet d'arrêté ci-joint, que vous jugerez sans doute devoir soumettre à la sanction de Sa Majesté.

Il y a urgence, car l'encombrement de Saint-Bernard et celui de plusieurs maisons secondaires ont développé les germes d'une maladie déplorable.

Il est impossible de saisir la chambre d'un projet spécial ; en effet il n'y a pas d'espoir, ce projet fut-il présenté, de le voir discuter dans la présente session.

Il est également impossible d'attendre la discussion de la loi générale concernant la réforme du système pénitentiaire; d'ailleurs il restera suffisamment de fonds sur l'exercice courant, pour entamer les premières constructions. Je puis même assurer qu'il ne devra pas être question de demander, pour l'année prochaine, une somme plus forte que l'allocation ordinaire.

Enfin les lois donnent au Gouvernement les pouvoirs nécessaires. Je citerai comme précédent l'arrêté royal du 14 mai 1837, contre lequel ne s'est élevée dans les chambres aucune réclamation à ma connaissance, et qui a ordonné l'organisation à Namur d'une maison centrale de détention pour les femmes.

La nouvelle prison à construire serait très convenablement placée à Louvain; cette localité, située au centre du pays, offre tous les avantages que réclame un pareil établissement, et je viens insister pour que cette localité désignée depuis longtemps par moi à cette fin, obtienne enfin un établissement digne du Gouvernement, et de la réforme pénitentiaire.

L'Administrateur des Prisons,

(*Signé*) HODY.

XI.

RAPPORT

de M. l'Inspecteur général des prisons et des établissements de bienfaisances

Bruxelles, le 6 juillet 1846.

MONSIEUR LE MINISTRE,

Au mois de mars dernier une épidémie meurtrière s'étant déclarée dans la maison de correction de Saint-Bernard, l'administration crut devoir suspendre immédiatement l'envoi dans cette prison, des condamnés qui devaient y subir leur peine.

Malgré les soins et les efforts mis en œuvre pour arrêter le mal ou du moins, pour en atténuer les effets, la mortalité a été considérable et aurait sans doute été beaucoup plus forte encore, si le Roi, dans sa clémence, n'avait ordonné la mise en liberté immédiate des détenus dont la santé et la vie étaient le plus menacées.

Voici au surplus le nombre des décès qui ont eu lieu pendant les 6 premiers mois de cette année dans l'établissement.

Mois		Population moyenne		Décès	
Janvier	population moyenne	1223	décès.	. . . .	8
Février	—	1235	—	. . . .	6
Mars	—	1166	—	. . . .	19
Avril	—	1076	—	. . . .	10
Mai	—	982	—	. . . .	9
Juin	—	1029	—	. . . .	1
			TOTAL.	. . .	53

Par suite de la suspension des transferts, la population de la maison de correction a été réduite en dessous de 1,000 détenus ; mais, dans l'inter-valle, celle des prisons secondaires s'est accrue outre mesure et de manière à inspirer des craintes sérieuses pour l'état sanitaire de ces établissements.

L'épidémie ayant cessé à Saint-Bernard, l'ordre de rétablir les transferts vient d'être donné. — Mais l'existence des mêmes causes peut, d'un moment à l'autre, reproduire les mêmes effets. Aussi l'administration, pour mettre sa responsabilité à couvert, s'occupe-t-elle sans relâche, des moyens de prévenir le retour d'une semblable calamité.

On ne peut méconnaître la situation toute exceptionnelle de la maison de Saint-Bernard, situation que l'on a vainement cherché à améliorer depuis quelques années, et qui est inséparable de nombreux inconvénients. Je ne crois pas devoir insister ici sur ceux de ces inconvénients qui appartiennent spécialement à l'ordre moral et à la discipline : la confusion des détenus de tous les âges et de toutes les moralités, l'existence des ateliers et des dortoirs communs, les relations dangereuses qui s'établissent entre les prisonniers, et qui ne conduisent que trop souvent à de criminelles associations à leur sortie de prison ; la propagation du vice, la persistance d'habitudes infâmes que la surveillance la plus active ne peut parvenir à extirper. Qu'il me soit seulement permis, Monsieur le Ministre, de vous rappeler un fait qui, à diverses reprises, a déjà fixé votre attention et qui dénote l'existence d'un mal ancien et profond qui jusqu'ici a défié les efforts les plus persévérants.

Dès l'origine de la maison de Saint-Bernard en 1823, la mortalité a été constamment plus forte dans cet établissement que dans les autres maisons centrales du royaume, affectées aux hommes condamnés.

Voici quel a été le chiffre des décès dans ces établissements pendant une période de 23 ans, de 1823 à 1844.

ANNÉES.	POPULATION MOYENNE DE LA PRISON.	NOMBRE MOYEN DES DÉCÈS PAR ANNÉE.	RAPPORT DES DÉCÈS A LA POPULATION.
Saint-Bernard.			
1823 à 1830	1222	68	5. 6 p. %.
1831 à 1836	939	45	4. 8 »
1839 à 1844	1193	41	3. 45 »
MOYENNES GÉNÉRALES.	1118	51	4. 5 p. %.

	Vilvorde.		
1823 à 1830	1070	37	3. 46 p. %
1831 à 1836	926	28	3. 00 »
1839 à 1844	823	11	1. 30 »
Moyennes générales.	941	25.3	2. 6 p. %
	Gand.		
1823 à 1830	1196	22	1. 9 p. %
1831 à 1836	1187	31	2. 6 »
1839 à 1844	950	19	2. 0 »
Moyennes générales.	1111	24	2. 1 p. %
	Alost.		
1823 à 1830	243	6	2. 4 p. %
1831 à 1836	453	8	1. 7 »
1839 à 1844	1202	17	1. 4 »
Moyennes générales.	636	10	1. 5 p. %

En 1845, la mortalité dans la prison de Saint-Bernard, s'est élevée à 45 décès, et nous avons vu plus haut qu'elle était déjà de 53 pour les six premiers mois de cette année.

Pour se faire une idée de cet encombrement et des suites funestes qu'il doit avoir sur la santé des déte.us, il n'est besoin que d'indiquer le rapport qui existe entre l'étendue des dortoirs et le nombre des individus qu'ils contiennent d'ordinaire.

Cette excessive mortalité, à quelles causes faut-il l'attribuer? Sans rentrer à cet égard dans l'examen, et la discussion des faits et des arguments qui ont été soumis récemment, Monsieur le Ministre, à votre appréciation, je me contenterai d'insister sur une circonstance capitale suivant moi, qui, à défaut de toute autre, devrait suffire pour mettre sur la voie du remède à employer. Je veux parler de l'encombrement qui n'a cessé de régner depuis plusieurs années dans la prison de Saint-Bernard.

La nuit , la population de l'établissement est dispersée dans 14 dortoirs dont la grandeur, exprimée en mètres cubes, a été mise en relation avec le nombre d'hommes dans le tableau suivant :

DORTOIRS.	POPULATION en DÉCEMBRE 1844.	GRANDEUR en MÈTRES CUBES.	NOMBRE DE CUBES d'air PAR DÉTENU.
N° 1.	104	1161	11.2
2.	113	1263	11.2
3.	83	573	6.9
4.	87	803	9.2
5.	56	610	10.9
6.	71	768	10.8
7.	49	400	8.2
8.	40	394	9.8
9.	62	364	5.9
10.	82	616	7·3
11.	103	964	9.6
12.	116	1055	9.1
13.	62	1137	18.3
14.	87	527	9.2
	1087	10655	10.
INFIRMERIE.			
Salle N° 1. . .	52	1526	42.
Id. 2. . .	46	1021	23.
Id. 3. . .	13	547	27.
Id. des galleux..	12 lits.	304	23.
	103	2998	30.
TOTAL GÉNÉRAL. .	1190	13655	11.4

La commission des médecins délégués pour examiner l'état sanitaire de la maison de Saint-Bernard, frappée de cette disproportion entre le nombre des détenus, et l'étendue des travaux dans cet établissement, s'exprime en ces termes dans son rapport :

« L'expérience et le calcul sont d'accord qu'il faut à l'homme de 6 à 10 mètres cubes, ou en moyenne 8 mètres cubes d'air par heure.

« Pendant les mois d'hiver, les détenus sont renfermés dans leurs dor-
» toirs pendant 12 heures et même deux fois par semaine pendant 14 heures
» par jour ; en été, ils y sont moins longtemps et l'on peut calculer la
» longueur moyenne de leur nuit à dix heures. »

« D'après ces données, chaque détenu devrait avoir, en moyenne, 80,
» et au *minimum* 60 mètres cubes d'air.

« Or la division de la capacité des dortoirs par la population relative
» nous démontre qu'ils n'ont au *maximum* que 18, au *minimum* 6,
» et en moyenne 10, c'est-à-dire le sixième du *minimum* requis.

» Que l'on ne nous objecte pas que ces calculs sont exagérés, parce
» qu'ils sont établis dans l'hypothèse que l'air des salles ne se renouvelle
» pas pendant la nuit. Quiconque a l'expérience des prisons n'ignore pas
» que ce renouvellement est presque nul. Ensuite, dans ces a_ glomé-
» rations de prisonniers, la viciation de l'air par l'accumulation de l'acide
» carbonique n'est pas l'accident le plus redoutable ; ce qu'il y a le plus
» à craindre, ce sont les émanations animales qui développent les mala-
» dies, et qui, en vician: le sang, impriment même aux maladies qu'elles
» n'engendrent pas, un caractère grave et spécial, et certes, celles-là ne
» se dégagent pas, à moins qu'on n'établisse une ventilation très-active.
» Pour s'en convaincre, l'on n'a qu'à se rendre le matin avant le lever,
» dans e ces dortoirs où une centaine d'hommes ont passé la nuit. »

On ¡ timer néanmoins que, dans de bonnes conditions d'aérage, on pourra se contenter, à la rigueur, de 17 à 18 mètres cubes d'air par individu ; à ce taux la population de Saint-Bernard ne devrait pas dépasser 625 individus.

Malgré l'évacuation des femmes en 1832, la suspension du transfert des condamnés à 6 mois en 1839, l'envoi à Saint-Hubert des jeunes délin-quants au mois de juin 1844, et la translation à Vilvorde, au mois de juillet de la même année, de certaines catégories de récidivistes, la population de la maison de Saint-Bernard n'a jamais pu être réduite d'une manière sensible ; et à la suite de chaque évacuation, l'accroisse-ment a repris son cours.

Vous pourrez en juger, Monsieur le Ministre, par le tableau suivant qui indique la population moyenne pour chaque mois depuis le 1ᵉʳ jan-vier 1843, jusqu'au 1ᵉʳ juillet 1846.

MOIS.	1843.	1844.	1845.	1846.
Janvier.	1246	1415	1187	1223
Février.	1258	1434	1171	1235
Mars.	1259	1425	1125	1166
Avril.	1323	1413	1063	1076
Mai.	1346	1423	1074	982
Juin.	1360	1398	1148	1029
Juillet.	1337	1265	1156	1240
Août.	1374	1252	1156	»
Septembre.	1393	1232	1140	»
Octobre.	1373	1200	1143	»
Novembre.	1403	1185	1159	»
Décembre.	1406	1192	1182	»
Moyenne générale.	1343	1320	1138	»
Maximum.	1417	1446	1198	1279

On remarque une diminution assez considérable dans la population à partir du mois de juin et juillet 1844. Cette diminution résulte de la translation, à cette époque, des jeunes délinquants à Saint-Hubert et d'une certaine catégorie de récidivistes à Vilvorde. Le nombre des condamnés transférés de la sorte s'est élevé à 270. On pouvait espérer que la moyenne de la population se maintiendrait pendant un certain temps au dessous de 1150; mais déjà au mois de février 1846, le chiffre des détenus s'élevait à 1255, et il aurait probablement continué à augmenter si l'invasion de l'épidémie du mois de mars n'avait fait suspendre l'envoi des condamnés à Saint-Bernard.

Il y a divergence d'opinion sur certaines causes d'insalubrité qui semblent inhérentes à la maison de Saint-Bernard. Cette divergence cesse lorsque l'on considère les inconvénients de l'encombrement de cette prison, les effets nuisibles qu'exerce sur la santé des détenus l'agglomération dans les dortoirs et les ateliers; l'urgence d'y porter un prompt remède n'est contestée par personne, à cet égard tous les avis sont unanimes.

Dans un rapport adressé le 26 juillet 1844 à l'administration supérieure par le Gouverneur de la province d'Anvers (M. de Brouckere), ce haut fonctionnaire s'exprimait en ces termes : « Dans l'hypothèse de la » conservation du système actuel, de l'emprisonnement en commun, » Saint-Bernard convient parfaitement à sa destination : *il n'y a qu'à*

» *ne pas l'encombrer :* que l'on réduise la population au taux normal
» de 800 à 900 hommes; que l'entretien des bâtiments, différé depuis plu-
» sieurs années, ait lieu avec soin; que l'on applique à Saint-Bernard
» les sommes dépensées dans les autres prisons dans l'intérêt du bien-
» être des prisonniers, et les différences que l'on signale aujourd'hui ne
» tarderont pas à disparaître. Les hamacs seront suffisamment espacés,
» l'air circulera dans les dortoirs en quantité suffisante, les détenus au-
» ront des réfectoires où ils mangeront assis; ils jouiront enfin de toutes
» les commodités, de toutes les améliorations qu'on leur a accordées dans
» d'autres prisons et il est hors de doute que leur santé y gagnera. »

A l'appui de ce qui précède M. le Gouverneur cite divers extraits des
rapports adressés par le médecin de Saint-Bernard (M. Staquez) à M. l'Inspecteur général du service de santé. Ces extraits, nous croyons utile de
les reproduire, du moins en partie.

« Nous parlerons plus loin, dit M. Staquez, de l'influence d'un air non
» suffisamment renouvelé et vicié par la réunion d'un grand nombre
» d'individus dans un espace trop resserré, sur la production des maladies
» et surtout de celles qui font ici le plus de victimes. Saint-Bernard est,
» sous ce rapport, la plus insalubre des prisons; et cependant il y a
» possibilité d'y introduire de grandes améliorations. Pour nous, la seule
» proposition que nous puissions faire à ce sujet, serait d'adjoindre de
» nouveaux bâtiments à ceux déjà existants; car il y a encombrement et
» nous le voyons augmenter de jour en jour. Cette vérité paraîtra ma-
» nifeste lorsqu'on saura qu'un dortoir de 42 mètres de longueur, 7 de
» largeur et 4 1/4 de hauteur, renferme 220 individus; d'où il résulte
» que chacun a environ 6 *mètres cubes d'air à respirer au lieu*
» *de* 18, que les auteurs s'accordent à déclarer indispensables. »

Dans un autre rapport, en date du 9 février 1844, ce même fonctionnaire s'exprimait en ces termes :

« L'encombrement augmente tous les jours et les détenus sont renfer-
» més dans les dortoirs pendant un bien plus long espace de temps, qui
» n'est pas moindre de quatorze heures les samedis et les dimanches, de
» douze heures et demie les autres jours de la semaine. Si comme nous,
» Messieurs, vous pouviez les visiter pendant la nuit et surtout vers le
» matin, une seule chose vous étonnerait, *c'est comment les détenus*
» *n'y périssent pas asphyxiés !* Ceci n'a rien d'exagéré et ce malheur
» arrivera peut-être. Je prends donc la liberté d'appeler toute votre
» attention sur ce point important; j'ose même vous engager à venir
» vous assurer de la réalité de ce que j'ai l'honneur de vous avancer, et je
» suis persuadé que vous reconnaîtrez avec moi que c'est une bien grande
» inhumanité que de traiter ainsi des hommes qui n'ont été condamnés
» qu'à une simple détention; aussi tous ceux qui connaissent les autres

» prisons, envient-ils le plus grand bien-être dont jouissent les forçats, et
» vous en connaissez qui ont eu recours à la ruse, au crime même pour
» sortir d'ici. »

« En faisant, ajoute le Gouverneur, la part de l'exagération qui se
» révèle dans ce rapport, on ne peut se refuser à reconnaître que l'en-
» combrement dont se plaint le médecin a dû exercer une grave influence
» sur la santé des détenus, et il n'est pas besoin de recourir à des causes
» locales ou atmosphériques pour expliquer la plus grande mortalité de
» Saint-Bernard. »

Dans une lettre adressée le 8 mai 1846 par M. l'Inspecteur-général du
service de santé, à propos de l'épidémie qui a régné à Saint-Bernard, ce
haut fonctionnaire appelle aussi l'attention de l'administration supérieure
sur l'encombrement qui règne dans cet établisssement et sur les mesures
à prendre pour y mettre un terme.

« Le nombre des détenus de Saint-Bernard, dit-il, a été diminué autant
» que les circonstances ont permis de le faire, puisque de 1,300 il est des-
» cendu à 1000, et néanmoins l'encombrement existe encore : les détenus
» sont encore couchés *côte à côte*, comme dit M. le docteur Tosquinet.

« Si, d'un autre côté, nous nous représentons que nos maisons d'arrêt
» et de sûreté sont remplies d'hommes qui eussent dû être transportés
» dans celle de Saint-Bernard et que l'encombrement de quelques unes
» d'entre elles, qu'il n'a pas été possible d'éviter, y a fait éclater des ma-
» ladies véritablement graves, nous arrivons nécessairement de nouveau
» à cette conclusion, qu'ainsi que nous l'avons dit, la maison de correction
« de Saint-Bernard est insuffisante, et que de nouvelles constructions
» sont indispensables.

« Je me permets de vous rapporter à cette occasion le passage suivant
» du rapport de la Commission chargée de faire une enquête sur la situa-
» tion sanitaire de Saint-Bernard.

« Pour diminuer d'une manière efficace la population de Saint-Ber-
» nard, il importe de la réduire à peu-près à la moitié de ce qu'elle est
» aujourd'hui : il faut donc trouver place pour au-delà de 500 détenus. Or,
» le placement de ces détenus dans une autre prison, ne fussent-ils que
» cent, est impossible. Après quinze ans d'efforts pour améliorer l'em-
» prisonnement en Belgique, ce serait revenir au point de départ, c'est-
» à-dire à l'horrible pêle-mêle des détenus de toutes les catégories dans
» un même établissement. Ensuite, chaque prison est pleine. Augmenter
» sa population, ce serait reporter sur elle tous les inconvénients de
» l'encombrement.

« Le trop plein de Saint-Bernard ne pouvant être reçu nulle part, la
» construction d'un nouveau pénitencier devient donc nécessaire, même
» dans l'hypothèse de la députation permanente.

« Nous n'avons point à rechercher un emplacement con venable pour la
» formation d'un pénitencier nouveau; c'est un soin qui incombe au Gou-
» vernement et aux Chambres; mais nous sommes persuadés qu'il existe
» dans la province d'Anvers plus d'une localité qui réunit toutes les con-
» ditions requises.

« L'agrandissement de la maison de Saint-Bernard par des construc-
» tions nouvelles à ajouter à celles qui existent maintenant, serait, sous
» le point de vue de l'économie et de l'intérêt des détenus et de la société
» tout entière, une faute si grande que l'idée ne saurait en venir à per-
» sonne et par conséquent nous n'avons pas à nous en occuper.

» Ainsi, soit que l'on considère l'encombrement comme cause unique,
» soit qu'on l'admette simultanément avec plusieurs autres, quelque
» soit par conséquent le sort que l'on destine à Saint-Bernard, la création
» d'un nouveau pénitencier est inévitable. Aux yeux de la commission
» d'Anvers comme aux nôtres, comme à ceux de toute personne impartiale,
» la position des condamnés correctionnels réclame un changement
» prompt et efficace. C'est, comme on l'a dit, une question de vie ou de
» mort dont la solution ne souffre pas de délai. » (*Mémoire à l'appui
du projet de loi sur les prisons.* Page cxcix des annexes).

L'incertitude qui règne sur les conditions sanitaires de la maison de
Saint-Bernard, ne permet pas de songer à agrandir par de nouvelles
constructions, cette prison, dont la situation est du reste trop défavorable pour que le Gouvernement puisse jamais penser à y conserver toute
la population correctionnelle du Royaume. Ces constructions d'ailleurs
ne pourraient se faire qu'en vue de la consolidation d'un mode d'emprisonnement qui parait définitivement condamné.

Il avait été question naguère d'établir à Saint-Bernard un cellulaire;
mais outre que ce cellulaire n'eut pu contenir au plus que 500 détenus,
la dépense excessive qu'il aurait entraîné, n'a pas même permis de
s'arrêter à ce projet et puis, eut-il été mis à exécution, la difficulté
résultant du chiffre excessif de la population restait toujours sans solution.

La nécessité de la création d'une deuxième maison de correction, pour
recevoir le trop plein de la prison de Saint-Bernard, me parait dès lors
démontrée.

Cette nouvelle prison serait en outre destinée à recevoir la population
surabondante des maisons de sûreté et d'arrêt, population qui a pris
un accroissement tel que, dans beaucoup d'arrondissements, malgré l'extension donnée à quelques prisons secondaires, les locaux affectés à ces
établissements sont devenus insuffisants.

Pour juger de cet accroissement, il suffit de jeter les yeux sur le
tableau suivant qui donne l'état comparatif de la population moyenne de
toutes les prisons depuis 1831 jusqu'en 1845 et janvier 1846.

DÉSIGNATION DES PRISONS.	1831	1832	1833
Maisons centrales.			
SAINT-BERNARD.	1085	1055	683
GAND.	1217	1202	1145
VILVORDE.	915	882	893
ALOST.	»	219	466
NAMUR.	»	»	»
SAINT-HUBERT.	»	»	»
TOTAUX.	3217	3358	3185
Maisons de sûreté.			
BRUXELLES.	168	209	189
ANVERS.	111	150	174
BRUGES.	175	207	133
GAND.	215	260	221
MONS.	103	97	99
NAMUR.	72	107	91
ARLON.	21	18	19
LIÉGE.	181	160	109
Maisons d'arrêt.			
HASSELT.	60	27	20
TONGRES.	13	21	30
MALINES.	46	39	64
TURNHOUT.	10	9	12
LOUVAIN.	31	33	38
NIVELLES.	31	18	11
AUDENAERDE.	55	70	60
TERMONDE.	86	73	70
COURTRAY.	46	31	37
FURNES.	12	15	14
YPRES.	55	48	46
CHARLEROY.	22	20	26
TOURNAY.	23	36	20
HUY.	12	14	10
VERVIERS.	15	22	20
MARCHE.	5	3	3
NEUFCHATEAU.	8	14	9
DINANT.	4	12	12
TOTAUX.	1578	1715	1539

1834	1835	1836	1837	1838	1839	1840	1841	1842	1843	1844	1845	1846 JANVIER.
938	1000	889	1016	1036	1087	1097	1131	1182	1342	1320	1158	1226
1183	1193	1184	1133	1120	1099	967	830	883	923	1002	1045	1069
818	980	1066	1063	1129	1099	1096	808	737	659	877	606	641
508	464	631	823	1078	1222	1203	1129	1216	1174	1270	1189	1137
»	»	»	»	»	»	427	444	456	493	»	493	813
»	»	»	»	»	»	»	»	»	»	103	139	152
3444	3639	3770	4037	4383	4507	4792	4362	4474	4393	4772	4610	4758
209	207	210	228	230	218	323	334	312	311	260	296	448
122	97	99	94	88	117	181	176	157	180	149	189	234
115	114	80	120	143	137	194	164	191	180	171	182	229
136	114	96	130	153	176	213	212	188	230	230	196	327
128	133	136	206	161	167	162	171	158	198	173	177	209
68	49	87	80	82	69	88	72	72	73	77	81	90
20	30	23	33	33	26	20	13	16	20	13	13	18
99	102	107	113	96	120	170	160	149	142	129	140	185
20	27	27	22	30	38	49	37	32	29	43	36	36
38	36	34	63	61	43	31	24	22	23	24	31	84
80	73	92	102	89	67	84	43	48	57	34	44	87
14	21	36	46	85	17	115	73	76	49	73	86	98
70	91	101	99	100	80	84	86	61	63	73	71	111
13	16	13	18	24	18	36	36	39	32	33	72	119
86	81	74	43	41	49	67	84	66	83	81	70	126
84	73	72	61	62	64	77	83	79	73	64	94	148
42	43	41	48	44	46	63	71	71	84	89	90	96
13	10	14	19	10	13	22	20	29	28	23	28	31
45	46	23	23	32	23	99	66	83	82	94	76	131
26	19	26	31	33	32	32	43	42	43	43	33	47
30	36	33	52	46	39	61	83	39	72	69	60	96
14	16	16	12	13	11	16	14	13	16	12	16	30
24	24	21	27	28	28	33	37	33	32	28	36	43
4	8	3	4	4	4	7	4	8	6	7	8	6
12	12	10	9	10	11	7	6	7	7	8	6	13
12	9	11	12	16	13	13	16	10	12	16	10	15
1496	1438	1439	1703	1721	1702	2189	2040	1990	2133	2011	2140	3017

La moyenne de la population s'est élevée :

PÉRIODE DE	MAISONS CENTRALES.	PRISONS SECONDAIRES.
1831 à 1835 (5 ans).	3,369 détenus.	1,557 détenus.
1836 à 1839 (4 ans).	4,174 id.	1,672 id.
1840 à 1845 (6 ans).	4,600 id.	2,084 id.
Janvier 1846. . .	4,738 id.	3,017 id.

Ainsi, dans l'espace de 15 ans, la population des maisons centrales a augmenté de plus d'un quart et celle des prisons secondaires a presque doublé.

Depuis 1843, le mouvement ascensionnel de la population détenue, loin de se ralentir a au contraire continué, pour aboutir finalement, l'hiver dernier, à une augmentation si considérable que la plupart de nos prisons secondaires regorgent littéralement de détenus. Cet accroissement extraordinaire du nombre des prisonniers dans les maisons de sûreté et d'arrêt doit être attribué sans doute, du moins en grande partie, au manque des subsistances, à la misère et aux désordres qui en ont été la suite. On pouvait croire dès lors qu'au retour de la bonne saison les effets auraient disparu en même temps que les causes.

L'évènement n'a pas malheureusement répondu à ces espérances et au mois de juin dernier la moyenne de la population des prisons secondaires était encore à peu près la même qu'au mois de janvier précédent. C'est ce que prouve le relevé suivant :

Population des prisons secondaires pendant le mois de juin 1846.

Maisons de sûreté.	Moyenne.	Maximum.
Bruxelles.	591	646
Anvers.	228	249
Mons.	187	233
Gand.	470	411
Bruges.	409	423
Liége.	164	183
Tongres.	52	63
Arlon.	21	28
Namur.	85	99

Maisons d'arrêt.	Moyenne.	Maximum.
Louvain.	143	146
Nivelles.	72	86
Malines.	79	88
Turnhout.	106	112
Charleroy.	46	54
Tournay.	120	139
Audenarde.	163	178
Termonde.	146	166
Courtrai.	67	85
Furnes.	60	81
Ypres.	135	149
Huy.	19	23
Verviers.	46	55
Hasselt.	54	66
Marche.	3	15
Neufchâteau.	7	16
Dinant.	18	23
TOTAUX. . . .	3,591	3,821

Le chiffre *maximum* des détenus dans chaque prison mérite particulièrement de fixer l'attention. C'est en effet sur ce chiffre que doit
se calculer l'emplacement nécessaire.

Or l'on sait que depuis 1830 le nombre des prisons secondaires est
resté le même qu'auparavant. Le Gouvernement a du se borner à y introduire successivement les améliorations les plus indispensables.

Il a préparé l'agrandissement de la maison de sûreté de *Bruxelles* par
l'acquisition de l'ancienne caserne de la gendarmerie située à proximité
de cet établissement.

Il presse à *Bruges* l'achèvement d'un nouveau quartier cellulaire où
pourront être logés 130 à 140 détenus.

A *Liége*, les travaux de construction de la nouvelle prison sont com-
mencés; dès les premiers jours de la campagne prochaine, il en sera
probablement de même à *Verviers*.

Un plan vient d'être arrêté pour l'érection d'une nouvelle maison
d'arrêt à *Marche*.

A *Anvers*, à *Gand*, à *Courtrai*, la construction de nouvelles prisons
décidée en principe, n'est plus subordonnée qu'au choix définitif des terrains jugés les plus propres à cet effet.

Les prisons de *Mons*, de *Namur*, de *Termonde*, de *Hasselt*, de *Charle-*

7

roy, de Louvain, doivent aussi subir prochainement d'importantes modifications, être partiellement reconstruites, ou peut-être même déplacées.

Mais, circonscrite par la nature des locaux, l'administration n'a pu guère remédier jusqu'ici à l'inconvénient essentiel, l'agglomération excessive de la population.

La construction d'une deuxième maison de correction pouvant contenir au moins 500 détenus, tel est le seul moyen qui puisse la mettre à même, non seulement de désencombrer la prison de Saint-Bernard, mais encore de distraire des prisons secondaires un certain nombre de condamnés correctionnellement qui y demeurent forcément aujourd'hui, livrés à l'oisiveté et au contact dangereux de leurs compagnons de captivité.

Le nouveau pénitencier correctionnel érigé en vue de l'application de l'emprisonnement séparé pourrait néanmoins être disposé de manière à pouvoir, au besoin, être approprié aux exigences de l'emprisonnement en commun; rien n'empêcherait dès lors d'en commencer la construction avant le vote de la loi sur la réforme du système pénitentiaire.

Le choix de l'emplacement me paraît également susceptible d'être décidé dans un bref délai. Des informations ont été prises dans chaque province à ce sujet et en comparant les divers emplacements qui ont été désignés à l'attention du gouvernement, les propositions faites à cet égard par la ville de Louvain me semblent incontestablement réunir le plus d'avantages.

Il convient d'isoler chaque prison pour peine de manière à éviter le contact des détenus à leur sortie des divers établissements et à empêcher autant que possible, l'agglomération des libérés sur tel ou tel point du pays... Les six maisons centrales actuellement existantes sont respectivement situées à Gand, Vilvorde, Saint-Bernard, Alost, Namur et Saint-Hubert. En établissant le nouveau pénitencier correctionnel à Louvain, on conserve la distance nécessaire entre chaque maison et l'on prévient ainsi les inconvénients   pourraient résulter de leur rapprochement.

La ville de Louvain, située au c   re lu Royaume, mise en communication avec les principales localités au moyen des chemins de fer exécutés et en voie de construction, présente toute garantie pour la régularité, la rapidité, et l'économie du transport des prisonniers; et cet avantage est d'autant plus précieux que la nouvelle prison est destinée à recevoir un certain nombre de condamnés à courts termes qui subissent aujourd'hui leur peine dans les maisons de sûreté et d'arrêt et dont il importe de faciliter le retour dans leurs foyers à l'expiration de leur condamnation.

Placée dans l'une des parties les plus salubres du pays, pourvue d'eaux saines et abondantes, la ville de Louvain réunit ainsi les conditions essentielles pour la préservation de la santé des prisonniers si fréquemment menacée par le choix imprudent d'un site malsain et peu convenable.

L'économie de la vie animale, la modicité du prix des logements, tels sont les avantages qu'elle présente aux employés qui, comme l'on sait, n'ont pour la plupart qu'un traitement peu élevé.

La proximité de la capitale mettra l'administration supérieure à même d'exercer sur la nouvelle prison une surveillance active et pour ainsi dire continue, condition indispensable à l'introduction d'une nouvelle règle disciplinaire qui, pour ne pas faillir, exige les soins les plus assidus. La ville de Louvain présente en outre dans son sein tous les éléments nécessaires pour la constitution d'un service médical à la fois convenable et peu couteux, et pour la composition d'une commission apte à seconder les vues du Gouvernement, et à accomplir, pour sa part, avec intelligence et dévouement l'œuvre de la réforme et du patronage des prisonniers.

Tels sont les avantages qui doivent suivant moi déterminer le Gouvernement à se prononcer en faveur de la ville de Louvain; avantage auxquels vient se joindre l'offre faite par l'Administration communale de cette ville de céder à l'État le terrain nécessaire pour la construction du nouveau pénitencier. Cette offre, qui pourrait être acceptée sous diverses conditions à régler ultérieurement, aurait en tous cas, pour effet de réduire d'une manière assez notable les frais à charge du Trésor public.

L'inspecteur général des prisons et des établissements de bienfaisance.

E. DUCPETIAUX.

XII.

RAPPORT

fait à M. le Gouverneur, par la Commission médicale de la province d'Anvers sur l'épidémie qui a régné dans la prison de Saint-Bernard.

Une sous-commission composée de trois membres s'est rendue le 7 mai 1846 sur les lieux, où elle a été reçue par M. le directeur de l'établissement ainsi que par MM. les médecins avec tous les égards dûs à sa mission. Nous devons une reconnaissance toute particulière à ces Messieurs pour tous les renseignements qu'ils ont bien voulu nous donner afin d'atteindre le but proposé.

La sous-commission a cru devoir tracer le plan de ses investigations dans l'ordre suivant :

1° Les symptômes caractéristiques de la maladie.
2° La description de la maladie.
3° L'autopsie.
4° Le caractère.
5° Les causes générales.
6° Les causes particulières (*ingesta et circumfusa.*)

1° *Symptômes caractéristiques.*

Fourmillements ou picotements aux pieds ou aux mains; raideur avec ou sans contractures ayant une période intermittente, tels sont les symptômes caractéristiques de la maladie.

2° *Description de la maladie.*

Nous devons nous rapporter en grande partie aux renseignements que M. le médecin principal de l'établissement a bien voulu nous donner.

INVASION. — Epilepsie; congestion cérébrale; fièvre intermittente; symptômes de typhus; paralysie momentanée ou permanente; surdité permanente; fourmillements dans les membres; contractures spasmodiques de tous les muscles de la face; déviation de la langue, des lèvres; contractures des muscles palpébraux; céphalalgie, douleur à la région précordiale, à l'épigastre, sensation de barre (région du diaphragme); contractures des membres supérieurs et inférieurs, avec rémission, disparition complète, permanente, sans amélioration; sentiment de faiblesse, cyanose; ecchymoses; lichen lividus; infiltration des extrémités inférieures le plus souvent à la suite de longue durée; pouls lent, large et dépressif et souvent irrégulier; respiration naturelle; épistaxis nombreux; érysipèle à la face et sang toujours diffluent à la saignée.

Voies digestives. — Partie supérieure à l'état normal, partie inférieure irritée ou même enflammée; appétit souvent prononcé, mais le malade ne supporte pas une forte alimentation, elle est bientôt suivie d'anorexie, de diarrhée, etc., etc.

Intelligence. — Souvent intacte, quelquefois dérangée; chorie; tétanos; trismus; bégalement; sciatique; affections toutes de courte durée, sauf le bégalement et la sciatique.

3° Autopsie.

N'ayant assisté à aucune autopsie nous rapporterons ce que les médecins de l'établissement nous ont dit:

La rate est toujours très-volumineuse, d'un tissu noir, ramollie, diffluente, la moëlle épinière quelquefois ramollie, le plus souvent saine, et (selon les rapports verbaux d'un des médecins, constamment en dégénérescence); en outre, plaques de Ryer, taches typhoïdes, sudamina.

4° Caractère.

Si nous portons notre attention sur le tableau des mortalités, nous y observons que la maladie vers la fin de 1845 et en janvier 1846 y figure sous le nom de typhus; que déjà en février même année on lui donne la dénomination de fièvre ataxique ou foudroyante, ou même fièvre ataxique simple, et qu'en avril, on la désigne sous le nom de fièvre nerveuse. Si nous cherchons de bonne foi à remonter à la source des symptômes et désordres (voir chap. 2, description) symptômes qui varient par leur mode de succession, de combinaison et par l'époque de leur apparition, tandis toutefois que leur nature présente toujours les mêmes signes caractéristiques, il nous est impossible de ne pas la considérer comme l'effet d'une intoxication produite soit par un manque d'air respirable ou par une respiration habituelle d'un air vicié, soit par une alimentation malsaine ou insuffisante; car nous avons à observer que c'est sous l'influence plus ou moins prolongée des causes, que la maladie doit avoir pris insensiblement son développement. Nous disons une intoxication ou un principe délétère qui porte son action sur le sang et le système nerveux et principalement sur la moelle épinale en la détruisant, la désorganisant en son tissu ; et de là conséquemment ramollissement ou dégénérescence.

5 : Causes générales.

Les causes morbifères sont tout à la fois prédisposantes et efficientes ; toutes peuvent être rapportées à l'action des *ingesta* et des *circumfusa*, à l'exception de certaines dispositions individuelles qui peuvent bien à la vérité hâter ou retarder le développement, mais qui ne sont pas assez puissantes soit pour le faire naître soit pour le prévenir ; l'étude donc des eaux, des aliments, du sol et de l'air est de notre domaine.

6° Causes particulières. (Ingesta.)

Avant d'examiner jusqu'à quel point les aliments peuvent être nuisibles, tant par la qualité que par la quantité, nous croyons convenable de dire un mot concernant les locaux et magasins servant à l'approvisionnement des grains, orge, riz, froment, seigle, des farines et des viandes, etc., etc. Nous pouvons attester que généralement ils sont très-proprement tenus et parfaitement bien soignés, en un mot, que toutes les mesures de précaution nous paraissent avoir été prises, afin d'empêcher que la moindre altération puisse nuire à l'une ou l'autre denrée.

Lors de notre visite, l'heure sonnait pour la distribution des aliments du soir ; nous nous sommes immédiatement rendus à la cuisine, où nous avons examiné et dégusté la bouillie (ratatouille), préparée avec de l'orge, des haricots, des légumes et convenablement assaisonnée de sel. Nous l'avons trouvée d'un apprêt à la fois agréable et nourrissant.

L'ordre et la propreté régnaient dans la cuisine comme dans tout le reste de l'établissement. Nous en avons témoigné notre entière satisfaction à M. le directeur.

Nous avons demandé à M. le directeur de nous fournir des échantillons de quelques denrées alimentaires dans l'intention de les soumettre à des recherches ultérieures. M. le directeur s'est empressé de satisfaire à cette demande. De l'examen de ces diverses substances il résulte que le froment, le seigle et le riz, le gruau d'avoine et l'orge nous paraissent tous formés de grains assez sains, c'est-à-dire tels qu'ils se présentent ordinairement pour les bonnes qualités de l'année 1845 sans odeur et saveur particulières.

Cependant on a dit avoir trouvé d'autres semences dans le froment et le seigle : 1° De la Ravenaille, (*Raphanistrum arvense.*) Ces semences ont été bien rares pour nous. D'après Linnée, ces grains mêlés au seigle et au blé font un pain qui causa à plusieurs reprises, en Suède, des épidémies cruelles d'une maladie appelée Raphana.

Ce grand naturaliste, quoiqu'étant excellent observateur, a peut-être pris les semences de la Ravenaille pour celles de *l'Uredo Carbo*, qui porte aussi le nom de Nielle des blés, et nous avançons ceci avec d'autant plus de sûreté, qu'il est probable que la maladie dont il a parlé, s'est déclarée à la suite des années défavorables à la récolte, et qu'en conséquence il s'est produit beaucoup de grains rouillés, charbonnés et ergotés. Cette altération des grains, qui a été observée l'année dernière plus qu'à l'ordinaire, a-t elle exercé une influence quelconque sur le développement de l'affection morbifique qui nous occupe? Nous l'ignorons. — 2° Les semences de l'ivraie énivrante (*lolium timulentum*) ne s'y rencontraient pas en plus grande quantité que les premières, et il en est de même encore de celles de la Nielle des blés (*agr. sem. Githago*). On a prétendu que ces dernières sont malfaisantes, mais cela n'est pas bien admissible. La plante croit de préférence dans les céréales, et elle s'y est rencontrée de tout tems, preuve sa dénomination spécifique, d'ailleurs dans le Nord de l'Europe, les pauvres mêlent la graine au pain, ce qui le rend désagréable mais point dangereux. M. le docteur Cordier a administré 2 gros de ces semences en décoction, et ils n'ont causé aucun accident. Mais ce que nous rencontrons dans les grains en plus grande partie, ce sont des semences de la vesce sarseau, espèce de pois (*Vicia cracca*); mais celles-ci, loin de pouvoir être envisagées comme malfaisantes, renferment au contraire une certaine proportion de fécule unie à un principe saccharin, qui les rend très propres à l'alimentation. Les farines de froment et de seigle sont, par leur qualité, en rapport avec les grains qui les ont fournis, et elles n'ont donné aucun caractère propre à y supposer une matière nuisible à la santé.

Le sel de cuisine, dont les caractères physiques et chimiques ont démontré qu'il est exempt de toute altération, ne contient surtout ni iodure, ni bromure.

Voilà, M. le Gouverneur, le résultat de nos recherches sur les échantillons des denrées alimentaires. Nous n'avons qu'une chose à regretter, c'est que nous n'avons pas pu porter nos investigations sur les substances nutritives dont se nourrissaient les détenus, lorsque la maladie sévit à sa plus haute intensité, et avant que ce cri d'empoisonnement n'avait été jeté dans le public, vu qu'on peut nous objecter avec une saine raison que les denrées ont pu être modifiées depuis.

D'après ce que nos investigations mycroscopiques nous ont démontré, il paraît exister une certaine diversité dans la constitution du périsperme des grains (surtout du seigle). Nous avons pu remarquer, dans les échantillons de ces denrées, des grains plus ou moins modifiés dans leurs principaux éléments, en se présentant à l'intérieur sous l'aspect d'un corps partiellement dur, corné et demi-transparent, et nullement amilacé, cristalloïde et brillant comme les grains qui ont acquis, par l'acte de la végétation, leur parfait développement. Il est donc constaté que les grains peuvent éprouver certaines altérations qu'il est permis de nommer morbides, telles que l'argot, la carie, la nielle au charbon, qui ont été, à différentes époques, causes de diverses maladies populaires ou épidémiques. Il est certain encore que les grains peuvent subir une certaine fermentation connue sous le nom de maladie de bâtiment, qui doit influer par son usage sur la santé des consommateurs.

Comme la maladie de Saint-Bernard ne s'étendait qu'à une masse rapprochée d'hommes, et qu'elle a beaucoup d'analogie avec celle décrite par Fréd. Hofman, avec l'ergotisme et la raphanie de Linnée, et avec celle connue par d'autres sous le nom de *Morbus spasmodicus nervosus*, nous avons cru d'abord attribuer au seigle la cause de la maladie; mais les arguments suivants nous ont plus ou moins fait abandonner cette opinion :

1° parce que la raphanie qui a régné en 1374, 1596, 1736 et 1779 n'attaquait, selon l'histoire, que les familles les plus misérables, celles que le besoin forçait de se nourrir de mauvaises farines, et qu'elle épargnait tous ceux qui pouvaient se procurer un aliment plus sain, ce qui est tout opposé à ce que l'observation nous apprend dans la maladie de Saint-Bernard, celle-ci n'épargne pas moins les personnes qui n'ont pas fait usage des denrées habituelles.

2° Qu'aucun cas ne s'est présenté à l'atelier de charité, par exemple, ici à Anvers, où on a nourri jusqu'à 1,200 personnes par jour et uniquement de pain de seigle et d'une bouillie aux pois ou aux haricots; et

3° l'observation suivante très rationnelle nous a contraint de l'abandonner jusqu'à ce que des recherches ultérieures nous aient donné une preuve contraire. Les détenus de la prison de cette ville ont été épargnés quoiqu'ils fussent nourris du même pain que ceux de Saint-Bernard.

Quant au gruau d'avoine et à l'orge, nous sommes forcés de nous en tenir à la même opinion, faute de preuves et arguments contraires, quoiqu'à cet égard l'argument de M. Tosquinet ne nous paraisse pas logique. Il dit : « L'avoine ne peut pas être mise en cause, car une foule de paysans » ardennais, allemands, bretons, écossais en font un usage copieux et de » tous les jours et qu'on n'a jamais signalé de maladie en provenant, et » que de tems immémorial on a fait usage de bonne orge sans qu'on ait » remarqué qu'elle ait nui. »

Il est évident et incontestable que ces grains de bonne qualité sont d'une nourriture bonne et saine; mais nous soutenons que la nourriture de ces mêmes grains de mauvaise qualité, ne peut finir que par occasionner des maladies graves, l'alimentation des chevaux nous le prouve. L'expérience nous a démontré que les animaux nourris de ces grains (mauvaise qualité) ont été atteints en peu de temps d'une maladie dont les symptômes caractéristiques étaient : diabètes, paralysie, et qu'ils finissaient tous par tomber dans un marasme complet.

Nous résumons donc, Monsieur le Gouverneur, de ces arguments et observations, qu'il nous paraît probable, (nous disons probable, vu que la science n'a pas encore pu lever le voile jusqu'ici), que la maladie n'a pas pris sa source dans l'usage des denrées.

Nous regrettons vivement que M. l'inspecteur général n'ait pas jeté ses investigations sur un terrain plus sûr et plus rationnel; car s'il avait soumis les différents quartiers de l'établissement à un régime alimentaire composé de denrées différentes, le grand problème aurait pu recevoir une solution nette, pour savoir si c'est au changement ou de l'air ou de la nourriture, que les hommes, qui présentaient tous les symptômes de l'incubation de la maladie, doivent le retour de leur santé.

Insuffisance d'aliments.

Cette privation a bien pu influer sur la hâte du développement de la maladie, mais elle n'a jamais pu être assez puissante pour la faire naître, d'autant plus qu'une cause spécifique ou spéciale a seule été en état de provoquer les symptômes toujours identiquement les mêmes par leur nature.

L'eau.

L'eau servant à la préparation des aliments et de boisson aux détenus, entre dans l'établissement au moyen d'un aqueduc maçonné qui a son embouchure dans une petite crique située près le village de Schelle. Cette crique reçoit les eaux au moyen d'une écluse ménagée dans le chenal qui n'est qu'un bras de l'Escaut, dont les eaux vont à flux et à reflux comme ceux du fleuve même, se renouvelant par conséquent deux fois dans les 24 heures et ne laissant pas le temps aux eaux de passer à la décomposition par suite des substances organiques qu'elles peuvent amener. Le chenal ne longe l'établissement que du côté Sud et il est éloigné du mur d'enceinte de 46 mètres.

Autrefois les eaux étaient distribuées dans les locaux de l'établissement au moyen de tuyaux conducteurs; aujourd'hui avant d'être fournies à la

— 110 —

consommation, elles sont foulées dans un bassin établi à quelques mètres de hauteur, à l'aide d'une machine hydraulique, qui se trouve placée au milieu d'un des préaux de la maison; au bassin est joint un appareil filtratoire, composé de sable de mer et de pierres poreuses; puis les eaux, avant de pouvoir se dégager, rencontrent de nouveau, à deux mètres de distance un sachet rempli de charbon de bois pilé grossièrement; après ce passage, elles continuent à s'écouler par un conduit maçonné jusque dans une citerne sur laquelle se trouve la pompe destinée à extraire l'eau filtrée.

En admettant, comme on le suppose, que l'eau qui sert aux besoins de la maison de Saint-Bernard soit un élément essentiel d'insalubrité et qui ait contribué à développer la maladie, nous allons, pour un instant, porter nos regards en arrière et remonter à la source naturelle de l'eau, pour voir si réellement il y a possibilité de trouver quelque atôme délétère dans cet agent de première nécessité.

L'eau que l'on rencontre dans l'Escaut à la hauteur de Saint-Bernard est fournie par des rivières intérieures. D'abord la grande Nèthe a son origine à Hechtel, dans le Limbourg, et arrose Waterloo, ensuite la petite Nèthe prend sa source près de Postel, dans la Campine et traverse Herenthals. Ces deux rivières se réunissent à Lierre et se perdent dans la Dyle à Rumpst, passent à Boom, Niel, Schelle, se jettent dans l'Escaut et vont ainsi se placer devant l'établissement de Saint-Bernard.

Maintenant établissons une comparaison entre les eaux prises dans différentes localités, savoir :

1° L'eau de l'Escaut devant Saint-Bernard.
2° Celle sortant de la machine hydraulique avant et après le filtrage.
3° L'eau recueillie au confluent des deux Nèthes à Lierre.
4° Celle du canal d'Herenthals.

Voici les principaux résultats de notre examen.

L'eau prise devant Saint-Bernard et celle sortant de la machine hydraulique avant le filtrage présentent peu de différence dans les temps ordinaires; elles sont inodores, d'un goût fade, troubles, et l'on y voit flotter quelques flocons de substances étrangères jaunâtres, que le repos laisse déposer en peu de temps.

Ayant examiné et dégusté l'eau filtrée, nous l'avons trouvée inodore et incolore, transparente, pétillante en la transvasant, appétissante et favorable à la digestion. Mille grammes de cette eau ont donné, après l'évaporation, une matière saline, terreuse et extractive, consistant principalement en carbonate, sulphate et muriate, 0,30 gr. en charbon 0,060.

L'eau prise au confluent des deux Nèthes à Lierre, est sans odeur, d'un goût fade d'une transparence imparfaite, elle est légèrement colorée en jaune par des matières organiques végétales dissoutes et en suspension : 1000 grammes de cette eau ont laissé, après l'évaporation, un résidu plus coloré par l'extractif que la précédente, peu ou point de sulfate et de muriate et carbonate bien sensible : 0,35, en charbon 0,106.

L'eau du canal d'Herenthals prise au passage du chemin de fer, était inodore, d'une saveur terreuse, trouble, opaline, sans coloration distincte, des débris membraneuses organiques y flottaient : 1000 grammes de cette eau ont donné, après l'évaporation, un produit salin, grisâtre composé surtout de carbonate, point de sulfate et peu de muriate : 0,40, en charbon 0,075.

L'eau de puits prise d'une pompe située dans l'un des quartiers de la ville et servant à un grand nombre de ménages ; 1000 grammes ont fourni un résidu salin, gris-brunâtre, déliquescent, sans détonation ; 1,60, en charbon 0,012.

Nos réactifs n'ont indiqué dans aucune de ces eaux, ni acide, ni alcali délétères.

Nous n'avons pu découvrir dans les eaux de Saint-Bernard, aucune molécule de soufre ; seulement elles nous ont indiqué des traces d'une combinaison ferrugineuse. Quant à l'existence du plomb, nos recherches ont été infructueuses, ce qui d'ailleurs était à prévoir. L'usage continuel des eaux pour un pareil établissement, les met constamment en mouvement et ne leur donne pas le temps de séjourner ni d'agir sur les tuyaux conducteurs en plomb ; d'ailleurs les eaux des pompes ordinaires moins agitées et contenant plus d'éléments propres à l'oxidation métallique, offrent encore rarement quelque indice de l'existence d'un sel de plomb ; de plus la présence d'un composé plombique en contact avec des débris organiques est incompatible.

On dit aussi que les eaux pluviales s'infiltrent dans la terre du cimetière et amènent ainsi une quantité considérable de substances organiques azotées, capables de corrompre l'eau avant son arrivée au chenal ; ce qui n'est pas bien admissible, vu que l'eau, ayant facilement passage par la couche de terre supérieure pénétrera aisément jusqu'au terrain argiloferrugineux ; celui-ci s'opposera à ce que les particules organiques en suspension ne passent avec elle : d'un autre côté, la constitution alumineuse fixera les principes organiques en corps insolubles et inactifs : ainsi l'eau, au lieu d'être altérée, aura acquis plus de qualités bienfaisantes. Les expériences chimiques ont corroboré cette opinion.

Si l'eau de Saint-Bernard a été de tout temps reconnue comme saine et que toujours elle a servi à l'usage habituel de la maison sans avoir occasionné le moindre inconvénient, à plus forte raison doit-on l'envisager aujourd'hui de la même manière depuis qu'on y a établi (en mai 1843) la machine hydraulique avec son système de filtrage, dans le but de lui donner un plus grand degré de salubrité.

Remarquons aussi que c'est deux années et demie plus tard, que le développement des deux premiers symptômes de la maladie a eu lieu, et qui plus est, les négociants d'Anvers ont de temps immémorial fait prendre à la hauteur de Saint-Bernard les eaux indispensables à l'approvisionnement des navires destinés à des voyages, surtout de long cours : les renseignements fournis à cet égard démontrent suffisamment que l'eau a toujours été utilisée avantageusement et qu'elle se conserve par conséquent un terme assez long nonobstant la présence des matières organiques végétales et animales qu'on a prétendu y avoir rencontrées en si grande quantité même en voie de décomposition.

Des quantités d'eau de Saint-Bernard prises avant et après le filtrage, d'autres du confluent des deux Nèthes à Lierre et du canal d'Herenthals, après une exposition d'une vingtaine de jours en plein air, dans des vases de terre, n'ont pas encore subi la moindre altération.

Il est donc connu que ces eaux jaillissantes des espèces de puits artésiens présentent de légères différences que l'on doit attribuer aux détritus formés par le lit et les berges du canal dans lequel l'eau a son cours, qu'en outre elles renferment des matières organiques, varient nécessairement suivant les saisons de l'année et les phénomènes météorologiques, soit par des temps froids et pluvieux, soit par une atmosphère chaude et sèche.

Ces eaux, avant leur arrivée à l'Escaut traversent plusieurs villes et communes, elles y sont employées indistinctement pour boisson, préparation des aliments et fabrication de bière.

L'on sait que les brasseries d'Anvers reçoivent leur eau par la machine Van Schoonbeeck, qui la prend dans le canal d'Herenthals, alimenté par le Schyn, reconnue pour une des meilleures eaux courantes : considérations à mettre surtout en évidence, puisque la Commission médicale ne se rappelle pas d'avoir eu à signaler l'apparition d'une maladie épidémique quelconque dans l'une ou l'autre localité située sur le littoral de ces rivières.

En mettant les eaux de Saint-Bernard en rapport avec celles généralement usitées en ville, nous voyons qu'elles ne contiennent pas autant de corps salins, conséquence résultant de leur origine réciproque ; mais elles renferment plus de sels et moins de matières extractives que les eaux prises au confluent des deux Nèthes à Lierre ; d'où suit qu'au fur et à mesure que les eaux s'éloignent du point de départ, elles se débarrassent des substances organiques et se chargent par contre de corps anorganiques dépendant des terrains qu'elles ont parcourus.

Comparées avec les eaux du canal d'Herenthals, elles se trouvent à peu près dans la même catégorie.

Quant à l'eau de Saint-Bernard, il nous reste encore à dire, qu'il existe un nouveau projet à l'effet de perfectionner la dépuration d'une plus grande masse d'eau dans les temps voulus. On a bien voulu nous communiquer les plans et, d'après les explications données, il s'agit d'un moyen de représenter au besoin 40,000 litres d'eau purifiée dans les 24 heures, et en état d'être distribuée et utilisée dans les quartiers de l'établissement. Nous ne pouvons qu'adhérer à cette nouvelle méthode plus avantageuse à l'assainissement des eaux.

L'air.

Si nos investigations ne nous autorisent pas jusqu'à ce jour de supposer avec une entière conviction que la cause principale de la maladie réside dans les ingesta, nous pouvons du moins classer au nombre des causes les plus propres à développer la maladie, l'altération de l'air.

Nous adhérons d'autant plus à cette opinion, si nous jetons un coup d'œil sur les circonstances au milieu desquelles a pris naissance la maladie, circonstances qui sont en harmonie en tout avec ce que nous dit le père de la médecine: « Elle attaque des individus enfermés dans un lieu » humide et froid et surtout réunis en très-grand nombre; la maladie » s'est développée en octobre, sévit en novembre 1845, jusqu'en mars et » avril 1846, toujours sous un air froid et humide, sous l'influence funeste » d'un vent d'Est et d'Ouest, et de pluies continuelles.

Les causes de cette altération de l'air peuvent être réduites à deux causes ou à la position topographique, ou à l'encombrement, joint à une foule d'autres circonstances concomitantes favorables au développement de maladies et qui ne sont pas inhérentes à l'établissement.

Position topographique.

Comme la maladie a envahi plusieurs établissements, quoiqu'à un degré de différence de gravité, la cause ne peut pas être particulière, mais doit être générale, d'où il résulte que la position topographique ne peut être mise ici en cause, cependant permettez nous de vous en dire un mot :

L'établissement est situé dans une vallée riante, un peu bas en effet, mais, par sa situation, semblable aux belles campagnes environnantes, et à la plus grande partie des communes, situées le long des bords de l'Escaut.

Remarquons ici que dans ces localités la mortalité n'a jamais été plus grande que dans les autres communes situées à une hauteur plus élevée, et où, du reste on n'a jamais eu à annoter une épidémie. Son terrain ne nous a présenté aucun élément qui puisse nuire à la santé, nous respectons à cet égard l'opinion de Monsieur le Président de l'Académie, mais nous ne la partageons pas, quand il a dit, en face du monde médical, que l'établissement de Saint-Bernard était la plus détestable prison du pays, *inter alias causas, ratióne loci.* Certes il est constaté que la mortalité y est plus grande comparativement à celle des autres prisons, mais cette différence peu sensible, d'ailleurs, doit être attribuée à des causes tout-à-fait indépendantes de la localité; l'état moral et physique doit être pris en considération, et ensuite encore le grand mouvement qui y a lieu. Un hôpital nous en offre un exemple frappant; car personne de nous n'ignore que dans la salle où il y a le plus de mouvement, le nombre de décès dépasse celui des autres salles. *Inter alias causas,* il faut supposer que M. le Président veut faire mention ici des causes qui, quoique indépendantes du sol, sont aussi inhérentes à la situation de l'établissement, savoir : le chenal et les briqueteries dont nous allons nous occuper un moment.

Quant au chenal, nous nous rapportons entièrement à l'opinion émise au chapitre qui traite de l'eau.

Les Briqueteries.

Passons aux inconvénients qui peuvent résulter de la briqueterie située au Nord de l'établissement de Saint-Bernard; nous mettrons les matières premières en rapport avec les émanations vaporeuses produites pendant la cuisson des briques.

La composition naturelle du terrain exploité pour la briqueterie est connue sans le nom d'argile figuline, vulgairement terre glaise, et nous offre pour constituants la silice et l'alumine coloriés suivant la quantité et le degré d'oxidation du fer hydraté, souvent mélangée de marne calcàire (argile et chaux carbonatée) et quelquefois parsemée de masses concretionnées de pyrite martiale (fer sulfuré blanc), cristallisées dans le système cubique, ne contient point de débris d'une organisation vivante, mais parfois des restes fossiles.

La terre à briques soumise au maniement ordinaire, étant exposée à l'action du feu, ne laisse dégager lors des premiers degrés de chaleur que de l'eau, et de l'acide carbonique, au fur et à mesure que l'intensité du calorique augmente; l'émission de ces corps diminue et est remplacée par celle de vapeurs plus ou moins sulfureuses, accusées principalement comme miasmes méphitiques.

Expliquons maintenant comment le dégagement de ces vapeurs ne peut être nuisible aux habitants de l'établissement.

Une partie de cette terre pyritée, convenablement traitée dans un fourneau, n'a pas laissé échapper de gaz sulfureux suffisant pour pouvoir réagir sur des agents chimiques placés dans la direction du vent, et à la distance de 30 à 35 mètres; d'un autre côté, le gaz sulfureux n'étant pas permanent, n'est que momentanément dissous dans l'eau vaporeuse.

Par suite de la situation, les vapeurs de la briqueterie ne peuvent être dirigées vers l'établissement de Saint-Bernard, que par un vent Nord ou Nord-Ouest; d'une part de pareils courants d'air, par leur basse température, condensent partiellement les fumées et autres produits aériformes, et de l'autre, le gaz acide sulfureux restant dans les vapeurs aqueuses absorbe facilement l'oxigène de l'air et passe ainsi à l'état d'acide sulfurique ne possédant plus cette odeur vive et pénétrante, mais ayant acquis une tendance, par suite de sa plus grande densité, à se séparer des vapeurs d'eau ce qui a ordinairement lieu, puisqu'il laisse des traces de son passage sur la végétation.

Consultant la constitution géologique de l'argile, on trouve qu'aucune autre exhalaison ne peut avoir lieu.

Comme dans la susdite briqueterie, on ne fabrique pas seulement des briques, mais aussi des tuiles à vernis, on devra nécessairement faire usage des pâtes vitrifiables composées surtout de lytharge et de manganèse. Quelles que soient maintenant les particules de l'un ou de l'autre oxide métallique qui puissent être engagées dans les dégagements pendant la vitrification, eu égard à leur pesanteur spécifique, les molécules plombifères et manganésifères seront plus promptement précipitées et atteindront par conséquent encore moins le mur d'enceinte.

Les briqueteries et les tuileries sont rangées, pour l'indication de leurs principaux inconvénients, dans la 2ᵉ classe des usines et fabriques nuisibles.

Considérant l'expansibilité du gaz sulfureux, il est possible que pendant la cuisson des briques, sa présence se fasse se sentir, plus ou moins dans l'enclos de l'établissement; mais alors il doit plutôt être attribué à la fumée provenant des combustibles employés, qu'au dégagement des gaz de la terre argileuse même; en conséquence, nous pensons que les émanations sulfureuses ne peuvent avoir aucune action morbide sur les détenus, et ce d'autant moins, que la briqueterie est érigée à 100 mètres de l'enclos et à 200 mètres des salles de la prison! Dans tous les cas nous avons la conviction que les émanations provenant de la briqueterie ne sont nullement dangereuses ni malsaines.

L'encombrement.

Si l'air n'est pas par sa quantité en rapport avec le nombre des habitant, cette pénurie de l'élément le plus nécessaire à la vie, bien plus que les émanations étrangères dont l'atmosphère peut se charger, devient à la longue une cause de maladies générales. Il nous est permis d'énumérer l'encombrement entre les causes aptes à pouvoir développer la maladie dont nous nous occupons, d'autant plus qu'il est constaté que les détenus n'ont guère que la moitié de la quantité nécessaire d'air respirable et que, quelquefois même elle se réduit au tiers ou au quart.

En effet, le détenu n'a que 6 à 7 mètres cubes d'air à respirer, et il en faut 16 ou 17 mètres pour entretenir convenablement la respiration.

A cette pénurie, nous pouvons encore adjoindre les émanations méphitiques dont l'atmosphère peut se charger par la non exécution des règles hygiéniques, par exemple les vidanges des lieux d'aisance faites en plein jour, alors que les croisées des dortoirs sont ouvertes pour le renouvellement de l'air etc., etc. Selon les rapports d'un médecin de l'établissement ceci se pratique à la prison de Saint-Bernard.

CONCLUSIONS.

1° Les fourmillements ou picotements aux pieds ou aux mains, la raideur avec ou sans contractions revenant avec accès périodiques déterminés, sont les symptômes caractéristiques de la maladie de Saint-Bernard.

2° La maladie nous paraît devoir être attribuée à un principe délétère qui porte son action sur le sang et le système nerveux et particulièrement sur la moelle épinière.

3° L'eau servant de boisson et à la préparation des aliments jouit de toutes les qualités propres à une eau réputée bonne et saine.

4° Les investigations à l'égard des aliments ne nous ont dévoilé aucun élément assez puissant pour pouvoir attribuer la cause aux *ingesta*.

Cette conclusion n'a pas été admise par toute la commission, un seul membre en accuse la qualité des aliments, mais quoiqu'il ne nous ait pas convaincu, nous n'avons pu nous refuser à faire connaître son opinion.

5° Jusqu'à preuve contraire, la cause de la maladie doit être attribuée aux *circumfusa*.

6° La position topographique, le chenal et les briqueteries n'influent nullement d'une manière nuisible sur la santé des détenus

7° La maladie n'est point menaçante pour les localités voisines, et il n'y a, en conséquence, aucune mesure à prendre, pour en préserver les habitants circonvoisins.

Le présent rapport ainsi que les conclusions, ont été discutés et approuvés par la Commission médicale de la province d'Anvers.

Anvers, le 24 juin 1846.

Le secrétaire
Signé DOMUS.

Le président
Signé LAMBRECHTS.

XIII.

MÉMOIRE

en réponse aux objections faites par M. Diert au rapport de la Commission d'enquête instituée pour rechercher les causes de l'insalubrité de la prison de correction à Hemixem.

Bruxelles, le 30 juin 1846.

MONSIEUR LE MINISTRE,

Le rapport que nous avons eu l'honneur de vous adresser sur les causes de l'insalubrité de la maison de correction, dite de Saint-Bernard, a été l'objet de plusieurs remarques de la part du chef de l'administration communale d'Hemixem, M. le baron Diert de Kerkwerve.

Sur votre demande, monsieur le Ministre, nous avons examiné le nouveau travail de M. le Bourgmestre et, nous regrettons de devoir le dire, nous n'y avons trouvé aucun argument capable de modifier l'opinion que nous avons émise. Nous le disons dans la sincérité de notre âme, nous aurions désiré pouvoir revenir de notre avis, car il est plus agréable de louer que de blâmer, et il faut souvent du courage pour soutenir la vérité et défendre l'intérêt général, quand ils sont en opposition avec des intérêts particuliers puissants.

Dans son examen critique, M. Diert tantôt s'est mépris sur le sens de nos expressions, tantôt s'attachant à des considérations secondaires, il a négligé les arguments essentiels; ou perdant de vue le but et la portée d'un raisonnement, il a réfuté quelque fait peu important; tantôt enfin il nous a fait mettre en première ligne des causes d'insalubrité que nous avions placées seulement sur le second plan.

Nous allons suivre notre adversaire dans ses observations, tout en restant fidèles à la marche que nous avons adoptée dans le rapport.

Nous avons attribué l'insalubrité de Saint-Bernard :

1° À la position topographique.

2° A des causes qui, quoique indépendantes du sol, sont cependant inséparables de la situation de l'établissement, savoir: le chénal, le gaz des briqueteries, et la mauvaise qualité de l'eau.

3° Aux défauts hygiéniques que présente le bâtiment.

4° A l'encombrement.

Puis, nous avons démontré que notre opinion était confirmée par la nature des maladies, et passant en revue le premier mémoire de l'honorable M. Diert, nous avons fait voir qu'aucun des faits qui y sont rapportés ne pouvait être invoqué pour prouver que la prison n'est pas insalubre.

Le vice de la situation topographique, nous l'avons trouvé dans le voisinage du terrain d'alluvion et de l'Escaut, ainsi que dans l'humidité et la position peu élevée du sol.

Voulant démontrer, contrairement à notre assertion, que la prison de Saint-Bernard est située sur un terrain qui n'est ni bas ni humide, et qu'elle ne souffre ni du voisinage des polders ni de celui de l'Escaut, M. Diert invoque les treize décès qui eurent lieu en 1843 et en 1844, à la suite de phthisie pulmonaire.

Vingt-six décès, en deux ans, provoqués par des tubercules pulmonaires! Que faut-il de plus, demande notre honorable contradicteur, pour prouver que la phthisie est endémique à Saint-Bernard? Et comme, selon MM. Scherlein, Harrisson, Welts et Boudin, il y a antagonisme entre la phthisie et les fièvres intermittentes endémiques, que la seconde maladie est rare là où la première règne, la conclusion est évidente: les fièvres intermittentes paludeuses ne peuvent être endémiques à Saint-Bernard, et le sol ne peut être ni bas ni humide.

Nous professons pour les auteurs invoqués par M. Diert, toute l'estime qu'ils méritent; cependant nous ne pouvons nous empêcher de placer au-dessus de l'autorité des hommes, l'autorité bien plus imposante des faits dont tous les jours nous sommes témoins, et dont personne ne peut méconnaître l'exactitude.

Nous admettrons volontiers le raisonnement de M. le Bourgmestre, quand il aura prouvé qu'il n'est point certain qu'en creusant à la profondeur de deux pieds le sol de l'enclos de la prison, l'on rencontre l'eau (1); qu'un terrain qui se trouve à peu près au niveau de la surface de la mer ne mérite pas l'épithète de *bas*; que, malgré les treize morts tuberculeux, il n'y a point tous les ans à Saint-Bernard, un nombre plus ou moins considérable de cas de fièvres intermittentes, et que la fréquence et

(1) C'est probablement cela qui a rendu impossible l'établissement de caves sous l'édifice.

l'intensité de ces fièvres peuvent dépendre d'une cause autre que la position topographique de l'établissement (1).

La doctrine de l'antagonisme entre certaines maladies compte des par-
tisans, mais elle a aussi de nombreux adversaires. Elle est combattue par
un grand nombre de médecins des localités marécageuses de la France, par
les praticiens de la Zélande, par nos confrères de la Flandre occidentale, et
comment M. Diert ne s'est-il pas aperçu qu'en relevant la fréquence de la
phthisie, sans nier ou réfuter le fait de l'existence simultanée des fièvres
palludeuses, il donnait lui-même à l'hypothèse qu'il invoquait, le démenti le plus formel?

Nous venons de raisonner dans la supposition que la doctrine de l'antagonisme ne se vérifie pas partout, que par conséquent M. Diert a eu tort
de s'y appuyer; mais notre honorable adversaire a eu un tort plus grave
à nos yeux, c'est celui d'avoir fait une application erronée du principe de
l'antagonisme en partant d'une base fausse : l'existence de la phthisie
comme maladie endémique. Les maladies de langueur, considérées en
général, sont plus fréquentes à Saint-Bernard que dans les autres pénitenciers du pays; mais la phthisie pulmonaire s'y rencontre dans un rapport moindre qu'à Vilvorde, et surtout qu'à Namur et Alost; et si M. le
bourgmestre avait essayé d'en chercher la cause, peut-être l'hypothèse de
l'antagonisme la lui aurait-elle fait découvrir dans l'existence de la
fièvre palludeuse qui, elle, est la véritable maladie endémique de la maison
des correctionnels, et qui n'est pas tellement exclusive qu'elle n'admette
point, comme ailleurs, la coexistence de la phthisie.

M. Diert accuse nos assertions d'exagération et d'erreur. Aurait-il fallu
par hasard, pour éviter ce reproche, imiter son exemple? Des centaines
de cas de fièvres périodiques se constatent à Saint-Bernard dès que ces
maladies paraissent à Anvers et dans les polders voisins. Tous les détenus
alors en sont atteints. La maladie sévit jusque sur les prisonniers retenus
dans l'infirmerie pour d'autres maux. Il est impossible que les tableaux

(1) Ces fièvres s'y montrent constamment en rapport d'intensité et de fréquence avec celles des autres parties du littoral du Bas-Escaut et des polders;
car il est bon de noter que, là où tout le monde s'accorde à regarder ces
maladies comme endémiques, elles sont à certaines époques rares et légères.
C'est ainsi que de 1837 à 1841, les fièvres intermittentes se sont à peine montrées
dans les parties marécageuses des environs d'Anvers, qu'elles ont reparu en 1842
et 1843 pour diminuer de nouveau de fréquence en 1844, et disparaître encore
en 1845. Les chaleurs fortes et continues du printemps de cette année nous font
craindre leur réapparition nouvelle dans les parties marécageuses des provinces
d'Anvers et des Flandres, et si cette prévision se réalise, Saint-Bernard ne tar-
dera pas, malheureusement pour sa population, à nous donner gain de cause.

nosologiques relatent tous les cas, puisqu'un grand nombre de fiévreux, faute de place, sont traités dans les quartiers. Ces faits sont certains, nul n'en doute (1). Ils proclament hautement le vice de la position topographique de la prison, et par des arguments puisés dans une hypothèse incertaine, nous aurions dû nier ces faits et déclarer la position de l'établissement excellente! Ah, si telle avait été notre conduite, comment aurions-nous pu la justifier aux yeux du Gouvernement qui nous avait investis de sa confiance? Quelle excuse aurions-nous pu alléguer, nous, pour qui les intérêts d'Hemixem ne devaient pas être plus sacrés que ceux de la société entière, et qui n'avions pas reçu de cette commune le mandat de la défendre en toute circonstance?

« Le chenal, dit M. le bourgmestre, n'est point une espèce de marais. Il n'entoure point la maison en partie. Ces assertions de la commission sont inexactes, et elles donnent la mesure de l'exagération qui règne dans le rapport. Le chenal étant formé, continue-t-il, par l'Escaut dont il fait partie, l'eau n'y est jamais stagnante, elle se renouvelle à chaque marée. »

Nous avons avancé que le chenal répandait des miasmes dangereux. C'est là le fait que nous avons affirmé et que notre honorable contradicteur aurait dû chercher à combattre plutôt que de s'attacher à faire ressortir l'emploi d'une expression impropre. Nous maintenons que le chenal est une cause d'insalubrité; et peu importe maintenant qu'il entoure la maison en partie, comme nous l'avons dit, ou qu'il n'y soit contigu que du côté du sud comme l'affirme M. Diert; peu importe encore qu'il mérite le nom de cloaque plutôt que celui de marais que nous lui avons donné improprement, si l'on veut, mais avec raison si l'on a égard à la nature du terrain, à la végétation qui l'entoure, et surtout à l'analogie qui existe entre les miasmes qu'il répand et ceux qui proviennent des marais.

Le chenal est formé par l'Escaut, il est sujet à des flux et reflux, nous l'avouons; mais ce qui est certain aussi, c'est que le chenal reçoit toutes les immondices de la maison par sa communication avec le réceptacle commun où elles s'accumulent, et qu'il reçoit en outre les égouts des maisons situées sur ses bords, et même de tout le village de Schelle.

Lors du reflux, les eaux se retirant lentement, déposent sur la vase qu'elles laissent à nu, une grand partie des ordures qui y sont versées, et que la marée montante vient ensuite soulever et agiter.

Telle est la raison pour laquelle le chenal, malgré que ses eaux ne soient point absolument stagnantes, répand des miasmes dangereux, et bien capables, quoi qu'en dise M. Diert, de franchir un espace de 46 mètres.

(1) Voir le rapport de M. Stacquez.

C'est une grande erreur de croire que, par ce que l'eau se renouvelle, le chenal ni l'Escaut ne peuvent donner lieu à des exhalaisons miasmatiques. Ce n'est point pendant qu'ils sont recouverts d'eau, mais bien après que le fond a été mis à nu par le retrait des eaux ou par leur évaporation, que les marais sont dangereux ; et c'est parce que le lit du chenal et de l'Escaut le sont deux fois en 24 heures, qu'il s'en exhale des miasmes. L'observation a prouvé que les fièvres intermittentes ne règnent sur les bords du fleuve que jusqu'à la hauteur où la marée vient alternativement élever ou baisser son niveau.

M. Diert a été surpris que nous ayons pu dire que deux fois par jour l'eau de l'Escaut laisse à nu le lit du fleuve. C'est bien là, s'écrie-t-il, l'allégation la plus exagérée du rapport ! Et cependant les mêmes mots viennent encore de nous échapper. Que M. Diert nous le pardonne, mais si avant de lire son travail, l'on nous avait assuré qu'on pouvait interpréter, comme il le fait, une manière de parler que tout le monde connaît et dont tout le monde se sert, nous aurions déclaré la chose impossible, tellement il nous aurait paru improbable qu'un homme de bon sens, comme dit notre adversaire, put ne pas comprendre qu'il s'agissait de ces bancs de limon, très étendus en plusieurs endroits, que l'eau en se retirant laisse à nu sur les bords, et d'où s'exhalent les miasmes qui constituent, le long de ces rives, une des causes les plus énergiques des fièvres intermittentes.

Nous avons fait l'analyse de l'eau de Saint-Bernard, et nous avons trouvé qu'elle contient en *suspension*, par litre, cinq centigrammes de matières organiques. Parmi les infusoires, nous avons cru reconnaître des volvoces, des cyclidium et des enchelis. Elle renferme en outre, en *dissolution*, une quantité de matières animales et végétales que nous avons évaluée à 200 milligrammes environ par litre.

Nous avons déduit de cet examen ainsi que de la couleur, de la saveur, et surtout de la promptitude avec laquelle elle se gâte (1), que cette eau ne pouvait être ni saine ni potable. Ses défauts ne proviennent pas des sels qu'elle tient en dissolution, car elle en renferme beaucoup moins que la plupart des eaux de puits, mais des matières organiques qui y sont abondantes.

Éclairés par l'analyse sur les qualités de l'eau, nous avons pensé qu'il était inutile d'insister longuement sur la cause de l'altération, mais nous nous apercevons aujourd'hui que c'est à tort, puisque nous avons induit M. Diert en erreur.

(1) Voyez Stacquez. — Rapport à monsieur l'inspecteur-général du service de santé. Archives de la médecine belge. Mars 1844 , page 182.

L'honorable bourgmestre suppose que nous ne nous sommes occupés que de l'une des deux sources d'eau qui existent à Saint-Bernard, et que c'est précisément de celle qui n'est pas employée. Il se trompe. L'eau qui a servi à nos expériences a été puisée par un fonctionnaire parfaitement au courant des habitudes de l'établissement, et a été envoyée au laboratoire dans des vases cachetés. Ensuite nous avons examiné avec soin comment l'eau de l'Escaut arrive au grand réservoir de la cour centrale, et nous avons suivi d'un autre côté, le trajet que parcourt le ruisseau d'eau de source ou de pluie qui, provenant du haut du village, passe à travers le cimetière pour aller constituer l'étang qui forme le deuxième réservoir.

M. Stacquez s'est assuré que l'eau de l'étang s'altère par son mélange avec celle qui filtre par le cimetière (1), et c'est à cette altération que nous avons voulu faire allusion dans le rapport; nous aurions pu ajouter que la cause qui transforme la crique en un foyer de miasmes, est aussi celle qui corrompt les eaux de cette crique ou du chenal; mais la conséquence était évidente, et en outre en présence des recherches analytiques que nous avions faites, qu'avions nous besoin de parler longuement de ces causes, pourvu qu'il fut constant qu'elles sont inhérentes à la position de l'établissement.

Il est bien sûr, comme dit M. le Bourgmestre, que la seule eau actuellement en usage est celle du chenal; mais M Stacquez assure de la manière la plus positive que, lorsqu'il est arrivé à Saint-Bernard, on faisait quelque fois usage de l'eau de l'étang; qu'elle était même considérée comme préférable à celle du chenal, et que c'est seulement depuis qu'il en a signalé la mauvaise qualité, qu'on a cessé de s'en servir. Il n'était donc pas hors de propos d'appeler l'attention sur l'eau de l'étang.

Ainsi, quelque soit le réservoir où le détenu puise sa boisson, il boit une eau mauvaise et malsaine. Le fait est positif. Il est établi par des expériences chimiques, par les efforts qui ont été tentés pour y obvier, par le témoignage de tous les employés, et par l'examen des causes (2). Il paraît bien difficile de nier un tel fait, et pourtant M. Diert le nie. Aux preuves si convaincantes que nous avons alléguées, il oppose un certificat, un seul! Qui prouve que les navires viennent quelque fois s'approvisionner d'eau dans l'Escaut à la hauteur de Saint-Bernard. Mais qu'im-

(1) Il a constaté que l'eau qui passe par le cimetière était saine et potable lorsqu'elle était recueillie avant son entrée dans l'enclos; mais qu'elle était chargée d'une quantité notable de matières organiques lorsqu'elle était puisée dans le fossé qui longe le mur d'enceinte du côté du Nord.

(2) Voir le rapport de M. Stacquez. Archives de la médecine Belge. Mars 1844, page 155.

perte, grand Dieu, que l'eau de l'Escaut soit bonne, si elle se corrompt dans la crique avant son entrée dans la prison!

Cependant il est juste de dire que ce n'est que dans ses conclusions que l'honorable Bourgmestre nie formellement la corruption de l'eau. La force de la vérité est si grande qu'elle lui échappe dans une autre partie de son travail. « L'eau, dit-il, à la page 4 de son mémoire, n'est pas d'ailleurs aussi mauvaise que le prétend la commission d'enquête. » L'aveu est évident, précieux, et désormais il n'y a plus entre l'opinion de M. Diert et la nôtre que la différence du plus au moins.

Pour ce qui concerne la prétendue contradiction de M. Gouzée, et la filtration des eaux, nous ne pouvons que répéter ce que nous avons dit dans l'enquête. Notre honorable collègue, dans son rapport à M. l'inspecteur-général, n'a entendu parler que des substances salines inorganiques et la commission d'enquête n'a fait que confirmer ses résultats. Quant à l'établissement d'un filtre dans la supposition que par cet appareil l'on parvienne à arrêter les nombreux infusoires, et les autres matières qui nagent dans le liquide, il n'en reste pas moins certain qu'il y a impossibilité d'enlever les matières organiques dissoutes qui sont les plus abondantes.

Selon M. Diert, la science jusqu'à ce jour n'est pas parvenue à résoudre la question relative à l'insalubrité des gaz des briqueteries. La chose, dit-il, est indécise. Cependant pour ce qui le regarde, sa conviction est formée. Puisque les habitants de Boom, qui vivent au milieu de ces vapeurs, sont ceux de la Belgique qui atteignent l'âge le plus avancé et qui se portent le mieux; ces vapeurs ne sauraient nuire aux prisonniers qui sont éloignés des fours à une distance de cent mètres.

Cet argument serait sans réplique si les faits qui lui servent de base étaient vrais. Mais nous lisons dans les *Considérations hygiéniques sur la commune de Boom*, publiées par M. le Docteur Thys. (1) « Que les » habitants de ce village sont sujets aux fièvres intermittentes et à la » chlorose; que la phthisie et les scrofules y règnent en souveraines ; qu'il » est peu de localités, en Belgique, où ces maladies fassent plus de vic- » times, et que les vapeurs sulfureuses ne se bornent pas à altérer la » santé des hommes, mais qu'elles vont jusqu'à détruire la végétation. »

En présence d'un témoignage aussi formel de la part d'un homme mieux placé que M. Diert pour juger de l'insalubrité des briqueteries, plus initié dans la science d'observation, et plus habitué, par état, d'étudier la santé et la constitution des habitants, il serait bien difficile de ne pas douter de l'exactitude de l'assertion de notre honorable contra-

(1) Annales de la société de médecine d'Anvers. Janvier, 1845, page 55.

dicteur, et d'adopter sa manière de voir sur l'innocuité, nous allons dire sur les qualités bienfaisantes des émanations des briqueteries.

Les mois d'été, dit M. Diert, sont seuls convenables pour la cuisson des briques, et le vent du Nord-Ouest qui souffle les vapeurs sur Saint-Bernard, règne très rarement dans cette saison. Nous avons sous les yeux le tableau des observations météorologiques faites dans la maison de Saint-Bernard pendant le mois de décembre 1845; nous y trouvons que pendant ce mois, plusieurs fois l'atmosphère de la prison a été obscurcie par une fumée épaisse venant des fours à briques, que la fumée couvrait l'établissement, non seulement quand le vent était au Nord-Ouest, mais encore quand il était au Nord et au Nord-Est, et que pendant ce mois, le vent a été dans l'une ou dans l'autre de ces directions :

> 10 fois à 9 heures,
> 9 » à midi,
> 11 » à 4 heures.

Il résulte de ces observations :

D'abord, que la cuisson des briques se fait non seulement en été, mais même en hiver.

Ensuite, que le vent du Nord et celui du Nord-Est soufflent la vapeur sur la prison aussi bien que celui du Nord-Ouest, et que ces vents sont plus fréquents, à Hemixem, que le suppose M. Diert.

Les vents du Nord et du Nord-Est sont fréquents dans cette localité, non-seulement en hiver, mais même en été. Pendant les chaleurs de l'été ils rendent les nuits glaciales, et lorsque ces conditions atmosphériques ont quelque durée, ils produisent une foule de maladies (1).

La distance à laquelle les émanations cessent de nuire est souvent très-considérable et dépend évidemment de leur nature, de leur quantité, des conditions atmosphériques et d'autres causes (2). Quant à celles des briqueteries, il est inutile, comme le fait M. Diert, d'invoquer l'autorité de qui que ce soit pour prouver qu'elles ne peuvent atteindre la prison, lorsque tous les jours, par nos propres sens pouvons nous convaincre qu'elles y parviennent, et qu'elles attaquent les arbres de l'enclos au point qu'ils ne sont d'aucun rapport. L'acide sulfureux est un gaz délétère; il irrite les organes pulmonaires et peut être très-nuisible, quoique disséminé dans un grand volume d'air.

(1) Si depuis plusieurs années il y a généralement moins de malades qu'antérieurement, à Anvers et dans ses environs, il faut l'attribuer à l'absence de chaleurs fortes et prolongées, et à ce que ces vicissitudes ne se sont pas fait sentir.

(2) Dumas. Chimie appliquée. Vol. 1. p. 616.

Rien ne prouve mieux l'énorme distance parcourue souvent par les vapeurs,

Nous ne rechercherons pas pour quelles raisons M. Diert nous fait considérer l'eau de l'établissement et le gaz des briqueteries comme les causes principales de l'insalubrité de Saint-Bernard, tandis que nous les avions subordonnées à la position topographique. Mais avant de passer à l'examen des autres objections, nous tenons à justifier ce que nous avons dit en commençant concernant le déplacement de l'importance des causes.

Dans notre enquête, nous avons indiqué les vices du bâtiment considéré comme prison, et nous avons fait ressortir les désordres immenses qui doivent nécessairement en résulter pour la santé et le moral des détenus.

Toute cette partie de notre travail est restée intacte; elle n'a laissé aucune prise à la critique, qui s'est bornée à rectifier un chiffre. Ne nous hâtons pas d'en conclure qu'ici nous avons été plus heureux dans le choix de nos arguments, car il serait possible que la cause ne fut pas ailleurs que dans l'inégale importance des questions. L'on conçoit en effet, que pour notre contradicteur, autre chose est de lutter pour le bâtiment; autre chose de combattre pour le sol qui le porte.

Il n'y a que le tiers des prisonniers qui couchent sous les combles, nous nous sommes trompés, nous avions dit la plupart; mais les dortoirs des deux autres tiers ne sont guère mieux disposés. L'hôpital, dit M. Diert, a été agrandi et la plupart des dortoirs ont été assainis. Ces changements ont eu lieu dans l'intervalle de notre première et de notre seconde visite; nous ne les ignorons pas, et nous en avons parlé dans notre rapport. C'est une terrible épidémie de tiphus qui les a provoqués, et puisque l'on a jugé nécessaire de ventiler les dortoirs pour arrêter les progrès du mal, les dortoirs étaient donc bien malsains et nous avions eu raison de le dire. L'aérage de quelques salles n'a pas empêché de nouvelles maladies épidémiques ou contagieuses de se déclarer, et malgré son agrandissement (si toute fois l'on peut considérer comme un agrandissement deux ou trois salles plus ou moins bonnes, ajoutées aux salles existantes provisoirement, et jusqu'à ce que le nombre de malades diminue), l'infirmerie sans élévation suffisante, mal éclairée et mal ventilée, dépourvue de préau spécial et enchâssée au milieu des ateliers, dont le bruit étourdit le médecin et fait parfois horriblement souffrir les malades, n'en est pas moins restée la plus détestable des infirmeries. C'est que la maison de Saint-Bernard ne demande pas de palliatif mais réclame un remède radical.

que l'odeur que l'air répand ici, tous les ans, au mois de mai ou au mois de juin, et que l'on attribue à l'incinération de la tourbe dans le Nord.

Comme nous avons partagé l'avis de la commission d'Anvers sur l'existence de l'encombrement, ce point n'a soulevé aucune discussion.

Dans son premier mémoire, M. Diert avait cru trouver dans l'histoire
de la prison, dans l'existence des maisons de campagne sur les bords de
l'Escaut, dans la mortalité d'Hemixem et dans la nature des condamnés,
des arguments en faveur de l'établissement qu'il défendait. Nous avons
combattu ses conclusions, et notre adversaire examinant dans sa réplique
les raisons que nous lui avons opposées, trouve l'occasion de revenir sur
chacun de ces arguments.

Il nous fait dire que par esprit de mortification les moines de Saint-
Bernard ont été, de propos délibéré, chercher un lieu insalubre pour
fonder leur abbaye. Jamais nous n'avons eu une pareille idée et nous ne
croyons pas l'avoir énoncée. Voici le sens de nos expressions : La règle
imposait aux Bernardins un travail manuel, comme elle l'impose encore
aujourd'hui aux Trappistes qui appartiennent au même ordre; ce travail
était la culture des terres, et une fois qu'ils avaient fait choix d'un lieu
répondant au but de leur institution, une certaine insalubrité n'était point
capable de les effrayer, à moins que des vapeurs pestilentielles, comme à
Vremde, ne rendissent la localité complétement inhabitable. *Loca pes-
tiferes vaporibus evaporantia aliaque tœdia non nulla* (1).

La règle de Saint-Bernard n'exigeait pas non plus que les abbayes de
cet ordre fussent établies dans des lieux bas, mais le hasard, ou toute
autre cause, a voulu que ce soient les vallées qui ont le plus généralement
convenu au but de cette institution, comme les grands centres de population ont le mieux répondu aux vues des Jésuites, et c'est cette observation
qui a donné lieu à l'espèce de proverbe que nous avons invoqué et d'où
il résulte à l'évidence que c'est à tort que l'on voudrait prétendre que,
parceque l'ordre de Citaux a eu une abbaye à Hemixem, le sol ne peut
être ni bas ni humide, et ne peut disposer aux fièvres.

Mille à douze cents hommes privés de la liberté, sont entassés nuit
et jour dans un enclos où vivaient autrefois une vingtaine de moines. Ces
hommes viennent de toutes les parties du pays, sont nourris et vêtus
comme des prisonniers peuvent l'être; ils ont subi avant leur entrée les
funestes influences de la misère et du crime, et ils continuent de se livrer
à tous les désordres moraux de la captivité en commun. Qui donc au
monde ne trouvera pas avec nous, dans la position si différente de ces
deux catégories d'hommes (les prisonniers et les moines, les prisonniers
et les habitants d'Hemixem), la cause d'une résistance inégale à des
influences climatériques, à des émanations paludeuses? Nous osons à

(1) Voir le mémoire de M. Diert. Page 5.

peine le dire, cette inégalité de résistance, M. Diert ne la voit pas, et il ne peut concevoir qu'en comparaison de la table et du froc du moine, en comparaison surtout des habits dont se revêt le riche qui habite une campagne, et des mets dont il se nourrit, nous puissions donner l'épithète de mauvaises à la croûte de pain noir, à la ratatouille et à la livrée du prisonnier! Depuis quand, s'écrie-t-il, nos prisonniers sont-ils mal vêtus, mal nourris? et il nous prête en même temps, à l'égard des moines, une contradiction qu'il nous est impossible de trouver.

Nous avons démontré que la transformation du monastère de Saint-Bernard en hôpital maritime eut lieu sous l'empire de la nécessité. M. Diert n'ayant pas répondu à notre raisonnement, nous ne serions plus revenu sur cette circonstance, si notre honorable contradicteur s'attachant à une phrase à laquelle nous ajoutions si peu d'importance que nous l'avons supprimée par un errata, n'était tombé dans une erreur qu'il importe de détruire, et s'il n'avait laissé échapper le plus candide des aveux.

L'on nous avait affirmé que l'hôpital maritime avait été abandonné pour cause d'insalubrité. Quoique la chose nous eut été signalée par une personne bien à même d'être parfaitement informée, nous ne la répétâmes qu'avec une excessive réserve. Malgré cette précaution de notre part, M. Diert relève l'assertion et il accuse M. Vleminckx d'avoir avancé le fait d'une manière positive dans une lettre adressée à M. le Ministre. M. Vleminckx n'a eu à cet égard, que des doutes que son devoir lui ordonnait d'éclaircir, et c'est là l'objet de sa correspondance avec le Gouvernement. Si l'assertion lui avait paru certaine, il n'aurait pas fait prendre des renseignements pour constater la vérité.

Ces renseignements, M. le Bourgmestre les a trouvés dans les registres de l'état civil de sa commune. L'hôpital a été fondé en 1810; il existait en 1813 et en janvier 1814. Personne ne peut en douter. Il existait en 1813, puisque les tableaux mortuaires de la commune portent trois cents décès qui eurent lieu dans cet hôpital pendant cette année. Il existait encore en janvier 1814, puisque ces mêmes tableaux constatent que quarante sept décès ont été enregistrés pendant ce mois.

Quarante sept décès en moins d'un mois, sur la population que pouvait contenir l'hôpital! Quelle effrayante mortalité! Il n'eût fallu qu'un petit nombre d'hôpitaux de ce genre pour décimer une armée entière. A la vue de pareils chiffres ne pourrait-on pas dire avec raison que si l'évacuation n'eut pas lieu, il exista néanmoins de grands motifs d'abandon, et peut-être ces motifs se seront-ils confondus dans le souvenir de quelques personnes avec une évacuation réelle.

Le mémoire de M. Thys, ce que nous avons dit de la cause de la différence qui s'observe dans la force avec laquelle on résiste aux influences morbifiques, le peu de confiance que l'on peut avoir dans des calculs basés sur des données statistiques où nous avons démontré l'existence de grandes erreurs, et les raisons que nous avons déjà fait valoir dans le rapport, nous dispensent de parler encore de l'argument déduit de l'état sanitaire de la commune d'Hemixem, d'autant plus que notre honorable adversaire lui-même n'en a fait mention que pour rectifier l'erreur que nous avions signalée.

Il reste une dernière considération à examiner, c'est celle qui concerne la grande mortalité observée de tout temps à Saint-Bernard.

M. Diert l'avait attribuée à deux causes, à l'encombrement et à la nature de la condamnation.

Nous avons accordé une large part à la première, et nous avons admis la possibilité de l'existence de la seconde. Il est vrai, nous avons déclaré en même temps que l'on ne pouvait annuler ni l'influence de la position topographique du bâtiment, ni ses défauts hygiéniques, ni les conséquences du voisinage des briqueteries, ni la mauvaise qualité de l'eau.

M. Diert ne se contentant pas de la concession que nous lui avons faite, a repris ses arguments, et la manière dont il les développe nous prouve qu'il se trompe sur l'étendue des effets qui résultent de la nature des condamnations.

Nous n'avons pas eu égard, dit-il, à la mobilité de la population des maisons correctionnelles. C'est une erreur, puisque nous avons mis en regard la mortalité des prisons pour peines et celle des maisons de sûreté et d'arrêt; mais la comparaison nous a conduits à une conséquence différente de la sienne.

« Sur une population égale de 1000 détenus, dit M. Diert, il en entrera,
» tous les ans, plus de 800 à Saint-Bernard, quand il en entre 200 dans
» une prison pour crimes. Or, les influences morbifiques qui agissent dans
» le principe de l'emprisonnement doivent nécessairement prélever, sur
» 800 hommes, un tribut plus fort que sur 200, quoique la population
» semble être la même. »

Cet argument, au premier abord, a une grande apparence de vérité, mais il n'est que spécieux. En effet, demandons-nous; demandons à M. Diert lui-même, pourquoi nos maisons de sûreté et d'arrêt, malgré leur population infiniment plus mobile que celle de Saint-Bernard, ont moins de mortalité que Saint-Bernard, que Vilvorde, que Gand, et il ne manquera pas d'accuser l'influence de la captivité, qui compense et au-delà l'influence du mouvement de la population.

L'erreur de l'honorable bourgmestre provient de ce qu'il ne considère qu'un côté de la question. Il compare les entrées mais il oublie les sorties.

Dans une maison correctionnelle, où la moyenne de détention n'est pas même de deux ans, une foule de malheureux échappent par leur sortie aux influences du régime de la prison et vont mourir dans leur famille ou dans une maison de force, à la suite des maux qu'ils ont contractés pendant leur première détention.

Dans une maison de criminels, au contraire, l'immense majorité des détenus sont condamnés à perpétuité ou à de longs termes; et tous ces condamnés doivent nécessairement figurer un jour sur les tables de mortalité de l'établissement; quelle que soit leur constitution, quelles que soient les conditions hygiéniques de la maison.

Transportons un moment, en idée, cette population à Saint-Bernard, et nous serons effrayés des résultats qu'aurait un pareil transfert, si jamais il était exécuté. Il ne faudrait plus se préoccuper de cet excédant de population qui, par l'abolition de la peine capitale et par la suppression des grâces, s'accumule aujourd'hui dans la maison de force, la mort aurait bientôt établi le niveau entre les entrées et les sorties.

Mais, objecte M. Diert, c'est pendant les deux premières années de la détention que la mortalité est la plus forte. Il meurt plus de prisonniers, dit-il, pendant ce temps que pendant les dix années qui suivent.

L'acclimatement pour certains détenus est pénible, il n'y a pas de doute, mais le fait est général pour toutes les prisons. Or, nous avons calculé l'influence de l'acclimatement pour la maison de force de Gand, et nous sommes arrivés à un rapport bien inférieur à celui qu'indique l'honorable Bourgmestre. Nos recherches, basées sur l'observation de dix années, prouvent que sur 200 détenus décédés, 44 seulement sont morts dans les deux premières années après leur condamnation, par conséquent 156 ont survécu. Dans une maison correctionnelle, ces derniers seraient allés mourir chez eux; dans la maison de force ils sont venus grossir le chiffre des décès de l'établissement. (I)

Nous regrettons que M. Diert n'ait pas fourni, à l'appui de son calcul, les données statistiques dont il parle. Nous croyons toutefois devoir le prévenir que tout établissement ne convient pas pour de semblables recherches. Une prison, par exemple, dont les détenus ne seraient pas condamnés à de longs termes, ou dont les défauts hygiéniques enlèveraient une partie des prisonniers immédiatement après leur incarcération, serait peu propre à donner une idée exacte de l'influence comparative des diverses époques de la captivité.

Peut-être argumentera-t-on encore contre nous de la nature de la condamnation; mais quoiqu'en ait dit M. Diert, nous continuons à penser qu'il est naturel, qu'il est conforme au bon sens, d'admettre que les effets

(I) Dans ce calcul nous n'avons pas eu égard aux récidivés.

de la détention augmentent avec la grandeur de la peine, et nous maintenons toutes les conséquences que nous avons déduites de ce principe dans le rapport.

Tous les arguments de notre honorable adversaire, sur ce point viendront échouer contre cette observation, que la mortalité à Namur est plus grande parmi les criminelles que parmi les condamnées à la correction (1), et qu'il mourait comparativement plus de monde à Saint-Bernard à l'époque où cette prison n'était pas exclusivement destinée aux condamnés correctionnels qu'aujourd'hui. Quel que soit donc le talent avec lequel M. Diert défend son opinion, nous doutons beaucoup qu'il parvienne jamais à faire passer en *axiome*, que l'on supporte moins facilement et avec moins de courage une peine courte qu'un châtiment que l'on sait ne devoir finir qu'avec la vie.

Parmi les arguments accumulés par M. Diert, pour soutenir cette thèse, il en est un qui nous a surpris; c'est celui où il considère les criminels « comme des têtes de choix. » La prison énerve, elle épuise, elle tue; son action est continue, elle est incessante; tout le monde croira que, dans la lutte contre cette puissance destructive, le plus robuste s'épuise et succombe; pas du tout, selon M. Diert, si l'excellence de votre organisation, vous préserve dans une première attaque, les forces que vous aurez dépensées, les pertes que vous aurez faites, vous permettront de combattre avec plus d'avantage dans l'avenir.

(1) Aux preuves que nous avons données dans le rapport, ajoutons en encore quelques unes que nous avons recueillies récemment.

Le pénitencier de Namur contient des prisonnières condamnées correctionnellement et criminellement.

Toutes se trouvent dans des conditions matérielles identiques au point de vue de l'hygiène.

En 1845, la population moyenne de tout l'établissement fut de 489 : correctionnelles 557 1|2; criminelles 151 1|2. Or, la mort a frappé 11 détenues de la première catégorie et 15 de la seconde, ce qui donne :

Pour les correctionnelles . . . . . . 1 sur 50, 7.
Pour les criminelles . . . . 1 sur 10, 1.

Le mouvement fut différent pour ces deux catégories de détenues, et il fut tout à l'avantage des correctionnelles, car la totalité des condamnées qui ont passé ou séjourné dans la maison pénitentiaire ayant été, pour l'année, de 756; savoir :

Correctionnelles . . . . 577.
Criminelles . . . . 179.

La proportion relative de la mortalité à ces chiffres deviendra :
Pour les premières de . . . . 1 sur 52, 45.
Pour les secondes de . . . . 1 sur 12.

Mais pourquoi recourir, dit M. Diert, pour des questions aussi simples, à des inductions scientifiques ou conjecturales ? Le langage est raisonnable. Le conseil est bon, suivons le. Ramenons donc toutes les questions en litige à leur expression la plus simple, et l'on jugera qui de nous a eu besoin de choisir le terrain que l'on veut abandonner, qui de nous a été obligé d'y suivre son adversaire.

De tout temps, on a attribué les fièvres intermittentes aux miasmes paludeux. Elles règnent dans les polders, elles règnent le long des rives de l'Escaut. L'expérience à cet égard a prononcé. Ces fièvres sont endémiques à Saint-Bernard. Nous trouvons, dans les environs, des polders; nous trouvons l'établissement placé sur les bords de l'Escaut, en un endroit où deux fois par jour une partie du lit est mis à sec. Nous attribuons les fièvres à ces causes.

On nous objecte; mais les moines de l'ordre de Citaux ont vécu dans l'enclos de Saint-Bernard. Mais des maisons de campagne existent sur les bords du fleuve. Mais la doctrine de l'antagonisme n'admet point l'existence simultanée des fièvres intermittentes et de la phthisie, donc la position topographique ne saurait être mauvaise, le terrain ne saurait être ni bas ni humide. Qui donc a eu recours aux inductions scientifiques, aux preuves détournées ? Abandonnons ces moyens. La question est simple, répondons y par un oui ou un non, et l'on verra où est la vérité. *La fièvre intermittente est-elle endémique à Saint-Bernard? Cette fièvre ne dépend-elle pas de la situation du bâtiment? Un terrain que l'on ne saurait creuser à la profondeur de deux pieds sans rencontrer l'eau, est-il un terrain élevé?*

Poser les questions de cette manière, à notre avis, c'est les résoudre.

L'air de Saint-Bernard, à chaque instant, est obscurci par des vapeurs sulfureuses. Nos sens nous convainquent de leur existence. Elles sont incommodes; elles provoquent la toux. Nous les déclarons irritantes, nuisibles pour les détenus, et nous accusons les fours à briques de les produire puisque nous voyons le vent les amener de là. On nous objecte, mais des gaz ne sauraient franchir un espace de cent mètres; la science surtout n'a pas décidé si, à cette distance, les vapeurs irritantes sauraient nuire; voyez du reste l'état de santé des habitants de Boom, de Hoboken, etc., ils sont les plus sains de la terre.

Qui de nous, encore une fois, a abordé franchement et simplement la question? Laissons les conjectures à M. Diert, elles exposent à des erreurs, le mémoire de M. Thys vous le prouve; et demandons-nous, en nous rapportant à nos sens qui trompent rarement en pareil cas, *si les vapeurs irritantes ne sont pas nuisibles à la respiration? Si l'air de Saint-Bernard n'est pas, à chaque instant, infecté par des vapeurs*

irritantes? Si ces vapeurs ne proviennent pas des fours à bri-
ques, et s'il n'y a pas là par conséquent une cause d'insalubrité
permanente et inhérente à la position de la prison?

L'eau dont se servent les détenus est repoussée par tous les employés.
Aucun n'en fait usage. La vue et l'analyse en font trouver la cause dans
les matières organiques qu'elle tient en suspension et en dissolution.
Recherchons de bonne foi si cette eau peut constituer une boisson saine,
et ne nous inquiétons pas de ce que font les navires, ne nous embarras-
sons pas de l'eau de l'Escaut, puisqu'elle n'est point en cause.

Enfin, demandons-nous si un bâtiment, dont des parties importantes me-
nacent ruine et qui exige 150,000 francs pour réparations urgentes, n'est
pas un bâtiment délabré, quelque soit son âge; et si une prison où règnent
habituellement des épidémies de fièvres continues, et qui de monastère
n'est arrivé à l'état de prison que par des appropriations successives
auxquelles n'ont pu présider ni esprit d'ensemble ni esprit de système, ne
doit pas être fatale à la santé des détenus, fatale à leur moralité, et contraire à l'intérêt de la société entière?

Réduites ainsi à leur forme la plus simple, une seule réponse devient
possible à chacune de ces questions. Ces réponses sont celles que nous
avons données dans notre mémoire d'enquête, et par conséquent il serait
bien difficile de ne pas y rester fidèles.

Nous considérons donc comme démontrées toutes les causes
d'insalubrité et de déperdition morale dont nous avons signalé
l'existence dans la prison des correctionnels, et nous persistons
dans les conclusions que nous avons développées dans notre rap-
port de septembre 1845.

Avant de terminer, il nous reste un devoir à remplir envers M. Diert et
envers nous-mêmes. M. le bourgmestre s'est constitué notre adversaire,
sa position l'y obligeait, et quelque soit du reste le mobile de sa conduite,
ses efforts sont louables, puisque c'est de la discussion que doit naître la
vérité. Sa réponse a été convenante et nous serions au regret si, sous ce
point de vue, nous étions restés au-dessous de lui. Mais nous avons vu
avec peine que toutes les personnes qui ont cru devoir prendre la défense
de la prison d'Hemixem, n'ont pas eu la même délicatesse. Quelques-
unes, et même des plus haut-placées, que leur position obligeait à plus de
circonspection encore, se sont permis des insinuations contre lesquelles
nous protestons de toutes nos forces. A ces personnes nous ne répondrons
qu'un mot. Le désir de secourir l'homme souffrant fut la première source
de la médecine. Tel est encore son objet aujourd'hui. Le médecin, dit
Hufeland, pour lui faire atteindre ce noble but, sacrifie non-seulement

9

son repos, ses avantages sociaux, les aisances et les douceurs de la vie, mais encore sa santé et sa vie; bien plus, sa gloire et sa réputation (1). Celui qui est capable d'une pareille abnégation de soi-même *ne connaît pas de considérations mesquines, ni de dévouement servile ou abject.* Interrogé, il donne son avis sans haine et sans faveur, et toujours le plus malheureux, quelqu'il soit, est le premier objet de ses soins. La commission d'enquête a été composée toute entière de médecins, et ils ont la conscience d'avoir accompli leur tâche en conformité des devoirs imposés par leur profession, et en parfaite connaissance de la récompense qu'elle accorde.

Le président,
Dʳ VLEMINCKX.

Le rapporteur,
J. MARESKA.

Dʳ CAMBERLIN, STACQUEZ, GOUZÉE.

(1) Hufeland. *Manuel de médecine pratique.* Chapitre dernier : *De la conduite du médecin.*

FIN.

TABLE DES MATIÈRES.

FIN DE LA TABLE.

www.ingramcontent.com/pod-product-compliance
Lightning Source LLC
Chambersburg PA
CBHW062029200326
41519CB00017B/4983